Wenn die Seele Trauer trägt ...

Markus Treichler

Wenn die Seele Trauer trägt ...
Depressionen ...
mitfühlen, erkennen, verstehen, behandeln
- sich und anderen dabei helfen

BIBLIOGRAFISCHE INFORMATION DER DEUTSCHEN BIBLIOTHEK
Die Deutsche Bibliothek verzeichnet diese Publikation in der Deutschen
Nationalbibliografie; detaillierte bibliografische Daten sind im Internet
über <http://dnb.ddb.de> abrufbar.

Gedruckt auf umweltfreundlichem, chlorfrei gebleichtem Papier

Alle Rechte vorbehalten. Printed in Germany.

3. überarbeitete Auflage 2010
© 1996 GESUNDHEITSPFLEGE initiativ
gemeinnützige Bildungsgesellschaft mbH
Paracelsusstraße 33, D-73730 Esslingen
http://www.gesundheitspflege.de
http://www.maennerleben.com

Umschlaggestaltung, Grafiken, Satz: PRmed-Consulting, Esslingen
Umschlagbild: Dr. Ferdinand Gachet, 1890 portraitiert
von seinem Patienten Vincent van Gogh

Druck: Druckerei Steinmeier, Nördlingen

ISBN 978-3-932161-24-7

INHALT

Vorwort	7
Wenn die Seele Trauer trägt ...	9
Trauer	10
Vom Wesen der Depression	15
Aus der Seele entstehende Depressionen	20
Von Innen entstehende Depressionen	24
Zur Diagnose der Depressionen	
Wie erkenne ich eine Depression?	35
Tabelle: Seelische Leitsymptome bei Depressionen	38
Tabelle: Vegetative und körperliche Symptome bei Depressionen	40
Wie kann man Suizidgefahr erkennen Was kann man hilfreiches tun?	42
Wie kann ich mir in einer Depression selbst helfen?	50
Wie können Angehörige helfen?	55

INHALT

Was können Angehörige im Einzelnen tun?   57

Was können Angehörige für sich selbst tun?   63

Zur psychiatrischen Therapie
depressiver Erkrankungen   66

    Einige Anmerkungen
    zu den Antidepressiva   74

Vom Sinn der Depression   84

Fragen:
Wie kann man Depressionen erkennen?   88

Literaturverzeichnis   92

Adressen   94

Vorwort zur überarbeiteten Neuauflage 2010

Im zurückliegenden Jahrzehnt ist das Thema der depressiven Erkrankungen durch Veröffentlichungen und Berichte in den Medien bekannter geworden und teilweise auch enttabuisiert, das ist gut so. Denn eine Erkrankung wie die Depression, die heute jeden Menschen in jedem Lebensalter treffen kann mit Nichtbeachtung oder Tabuisierung verdrängen zu wollen, kann nur ungünstige, unter Umständen sogar fatale Folgen haben. Deshalb ist es sinnvoll, berechtigt und sogar notwendig, sich mit dem Thema der depressiven Erkrankungen auseinander zu setzen, sowohl als eventuell Betroffener, wie auch als Angehöriger oder einfach als Mitmensch.

Im vergangenen Jahrzehnt haben sich auch das Wissen, die therapeutischen Möglichkeiten und die psychiatrischen Bezeichnungen und Einteilungen depressiver Erkrankungen verändert. Deshalb war eine Aktualisierung und Überarbeitung an einigen Stellen dieses Buches notwendig.

Wenn diese Darstellung über depressive Erkrankungen bei den Leserinnen und Lesern einerseits das Wissen über die Erkrankung und die Behandlungsmöglichkeiten erweitert und andererseits die Möglichkeiten des Mitgefühls und des Verständnisses depressiv erkrankten Menschen gegenüber verbessert und nicht zuletzt für die depressiv erkrankten Menschen selbst ein Verständnis und eine Einschätzung ihrer Situation erleichtert, so hat dieses Buch seinen Sinn erfüllt - insbesondere wenn durch die Lektüre dieses Buches depressiv Kranke eher bereit sind, sich professionell helfen zu lassen.

M. Treichler im September 2010

Wenn die Seele Trauer trägt

Wenn die Seele Trauer trägt, verändert sich die Welt um uns: Sie rückt näher, wird enger, schwerer, tiefer. Der Mensch selbst verändert sich, dessen Seele Trauer trägt: Er wird ernster, grüblerischer, einsamer, dunkler, schwerer und tiefsinniger. Wenn die Seele Trauer trägt, kann es innere oder äußere, unsichtbare oder sichtbare Gründe oder Anlässe geben. Immer aber ist die Trauer der Seele Antwort und Frage zugleich. Antwort auf die Welt, Frage an den Menschen. Wenn die Seele Trauer trägt, kann es eine ernste seelische Erkrankung sein, eine Depression; oder eine ernste Schicksalssituation nach einem schweren Erlebnis.

> *Zu entscheidender Erschütterung eines Herzens bedarf das Schicksal nicht immer wuchtigen Ausholens und schroff vorstoßender Gewalt; gerade aus flüchtiger Ursache Vernichtung zu entfalten, reizt seine unbändige Bildnerlust. Wir nennen dies erste leise Berühren in unserer dumpfen Menschensprache Anlass und vergleichen erstaunt sein winziges Maß mit der oft mächtig fortwirkenden Gewalt; aber sowenig eine Krankheit mit ihrem Kenntlichwerden, sowenig beginnt das Schicksal eines Menschen erst, sobald es sichtbar und Geschehnis wird. Immer, im Geist und im Blute, waltet das Schicksal längst innen, eh es von außen die Seele berührt.*
>
> Stefan Zweig

Trauer

Trauer ist ein Gefühl, das wohl jeder kennt. Es ist ein Gefühl, das schwer ist und dunkel, das ungerufen kommt und sich in uns einnistet, das uns unsere Fröhlichkeit und Leichtigkeit nimmt, unsere Interessen einengt und uns im Grund unserer Traurigkeit auf uns selbst zurückwirft. Ein Gefühl von Traurigkeit ist schwer, es ist unangenehm, es kann uns in unserem normalen Leben beeinträchtigen. Aber Trauer ist nicht krank, Trauer ist niemals krankhaft. Trauer ist ein normales, ja ein gesundes Gefühl, wenn es einen Anlass dafür gibt, wenn es ein Ereignis, ein Erlebnis in unserem Leben gibt, einen Konflikt, einen Streit, Schwierigkeiten, oder wenn es einen Verlust zu verarbeiten gibt, einen Verlust eines uns nahestehenden Menschen, den Verlust unserer Heimat, unserer Wohnung, unserer Arbeit oder den Verlust von irgendetwas, das uns wichtig ist im Leben. Wenn wir nach einem solchen Erlebnis Trauer empfinden, dann zeigt dieses Gefühl von Trauer, dass uns dasjenige, worum es ging, was wir erlebt oder verloren haben, dass uns dies wichtig war, dass wir in unserem Inneren getroffen sind. Betroffen-Sein kann schmerzhaft sein. Vielleicht ist das auch der Grund, warum wir so häufig die Erfahrung machen, dass Menschen ihre Traurigkeit nicht zugeben wollen, dass Menschen ihre Traurigkeit verbergen wollen, dass wir nicht traurig erscheinen wollen. Wer gibt es schon gerne zu, dass er betroffen ist, dass er in seinem Innersten getroffen ist von einem Erlebnis, von einem Konflikt oder einem Verlust? Wenn wir aber Grund haben, traurig zu sein, dann ist es gesund, diese Trauer auch zu erleben, zuzulassen und zu zeigen, darüber zu sprechen. Wenn wir in eine Situation kommen, in der wir Trauer nicht zulassen wollen, um nicht aufzufallen, um nicht verwundbar zu sein, weil wir vielleicht so gerne unverwundbar wären (was wir zum Glück aber nicht sind), wenn wir aus irgendeinem Anlass heraus spüren, dass wir unsere Trauer nicht zulassen wollen oder können, dass wir uns nicht verletzt und verwundet zeigen wollen, sei es bewusst oder unbewusst, dann können wir diese Trauer, die in unserer Seele eigentlich leben will, tatsächlich eine Zeitlang verbergen. Aber dann kann, gewissermaßen als Antwort unserer Seele auf die verborgene, auf die zurückgedrängte, nicht zugelassene Trauer, eine Depression entstehen. Sie zeigt uns, dass wir unsere Gefühle doch nicht auf Dauer verdrängen oder ignorieren können.

Trauer und Depression sind gewissermaßen Verwandte, die sich in ihrem Aussehen ähneln, aber in ihrem Wesen verschieden sind. So verschieden, dass sie sich in der Regel aus dem Weg gehen; das heißt, wo die eine ist, wo Trauer zugelassen wird, kommt die andere, die Depression, nicht - und umgekehrt: Wo die Depression ist, hält sich die Trauer als ein aktives seelisches Gefühl, als Auseinandersetzung mit einem Verlust- oder Konflikterlebnis, fern. Bis wir vielleicht die Depression erkennen, sie verstehen und in ihrer Aufforderung an uns akzeptieren. Das Akzeptieren als ein aktives inneres Annehmen, als ein Zugehörig-Empfinden zum eigenen Wesen, ist verschieden von passivem Hinnehmen; und etwas anderes als *Dagegen-Ankämpfen* und als *Es-Weghaben-Wollen*. Dieses Annehmen-Können, die Akzeptanz der Trauer oder der Depression, ist die innere Voraussetzung für eine fruchtbare Auseinandersetzung, für einen kreativen Umgang mit Krise und Krankheit.

Eine Depression kann anstelle von Trauer entstehen, aber die Depression ist mehr als nur eine gesteigerte Traurigkeit. Depression ist etwas anderes. Sie ist etwas das noch tiefer und noch verletzlicher in unser Wesen hinein trifft, das noch schmerzhafter ist - eine Krankheit die uns trifft, weil auch sie uns etwas sagen will, so wie die Trauer uns sagen will: Das war uns wichtig, das ging uns nahe, was wir erlebt haben, der Verlust ist schmerzlich - so will die Depression uns noch etwas Wichtigeres sagen, noch etwas Schwerwiegenderes mitteilen, allerdings etwas, das offenbar in einer Sprache zu uns spricht, die, obwohl sie aus unserer eigenen Seele kommt, doch nicht so ohne weiteres zu verstehen ist. Die Depression spricht durchaus eine Sprache, die schwer verständlich ist. Vielleicht, weil sie auf etwas so Wesentliches und Zentrales hindeutet. Aber die Depression, die anstelle der eigentlich gesunden Traurigkeit entsteht und jetzt etwas anderes geworden ist, hat natürlich Verwandtschaft und Übergänge zu den Traurigkeiten. Und es ist wichtig, die Phänomene von Traurigkeit auf der einen Seite und von Depression auf der anderen Seite abgrenzen und unterscheiden zu können. Denn es ist wichtig, wenn wir einen Menschen erleben in unserer Umgebung, der traurig ist und einen gewissen Beistand braucht, unterscheiden zu können ob es sich um eine gesunde Traurigkeit oder um eine depressive Erkrankung handelt und in einem solchen Fall eine therapeutische Form von Hilfe nötig ist.

Wir kennen auch noch ein anderes, ähnliches Gefühl wie Traurigkeit: Das Unglücklichsein. Wir alle kennen das, wenn wir unglücklich sind, unzufrieden, weil etwas schiefgegangen ist; es hat nicht so geklappt, wie wir es dachten, und jetzt sind wir unglücklich, vielleicht etwas verzweifelt. Wir versuchen, über dieses Unglücklichsein zu sprechen mit jemandem, mit dem wir befreundet sind oder mit dem Betroffenen selbst, oder wir behalten es auch für uns, wenn wir keine Gelegenheit oder keinen Mut dazu haben, unsere Stimmung auszusprechen. Aber wie auch immer, nach einiger Zeit, nach wenigen Tagen wird dieses Unglücklichsein, diese Stimmung verflogen sein und es geht wieder weiter. Überhaupt wissen wir, auch wenn wir unglücklich sind oder verstimmt, dass das Leben trotzdem weitergeht. Wir können trotzdem essen, wir können trotzdem schlafen, wir können trotzdem unsere Aufgaben erfüllen, auch, wenn es etwas unglücklicher geschieht als sonst. Wenn wir traurig sind, sind wir stärker betroffen.

Es ist ein wesentlicheres, ein uns nahegehenderes Erlebnis als das Unglücklichsein. Die Trauer macht uns selbst dunkel und eng und schwer, und wir fühlen dieses Gefühl, das eben ungerufen und meistens plötzlich kommt und uns im Innern ergreift. Und trotzdem wissen wir in diesem Gefühl von Traurigkeit, dass wir nicht alleine sind. Wir haben Mitmenschen, die gerade in diesem Fall von Trauer mit uns fühlen, die uns begleiten, die uns beistehen. Wir haben auch in dem Gefühl von Trauer durchaus ein Bewusstsein davon, was wir zu tun haben, was unsere Aufgaben sind im Privat- oder im Berufsleben. Und wir erfüllen unsere Aufgaben. Wir haben auch in der Traurigkeit noch ein Gefühl und ein Bewusstsein von unseren Zielen, von unserer Zukunft. Wir haben auch in der Traurigkeit noch ein Gefühl und eine Stimmung von Hoffnung und vor allem von Sinnhaftigkeit. Wir erleben den Sinn, den auch die Trauer für uns hat. Wir erleben einen seelischen Schmerz in der Traurigkeit, aber wir erleben auch, dass wir davon zwar in unserer Stimmung beeinträchtigt sind, aber nicht in unserem Selbstwertgefühl. Wir fühlen uns in der Trauer nicht weniger wert als ohne die Traurigkeit. Wir sind immer noch, wenn auch erschüttert und traurig, derselbe mit demselben Wertgefühl und denselben Fähigkeiten und Qualitäten, wenn auch durch einen Verlust schmerzhaft getroffen. Wir lernen, in einer Trauer, auch wenn der Trauerprozess lange dauern kann, im schwersten Falle ein Jahr, wir lernen innerhalb dieses Trauerprozesses schließlich das Loslassen. Wir lernen innerlich loszulassen von dem, an das wir uns gebunden hatten, mit dem wir verbunden waren, und das deshalb durch den Verlust so schmerzlich geworden ist. Wir lernen Loslassen, und im Loslassen spüren wir vielleicht einen kurzen Moment eine Gefahr, als ob wir jetzt abstürzen könnten in ein Nichts, doch dann merken wir, dass wir getragen werden, dass wir loslassen können, dass es erfolgreich gelingt, und dass wir jetzt selbständig und ohne Trauer wieder weiterkommen im Leben.

Vom Wesen der Depression

Bei einer Depression ist das anders. In einer bestimmten Depression, die – im Anlass - der Trauer am ähnlichsten ist, in einer sogenannten *reaktiven Depression*, die heute als *Anpassungsstörung* bezeichnet wird, fühlen wir uns dennoch - im Unterschied zur Trauer - alleine. Wir fühlen uns isoliert, unverstanden und alleingelassen. Wir sehen nicht mehr mit unserer gewohnten Klarheit, welche Aufgaben im Berufs- oder im Privatleben wir vor uns haben. Wir bewältigen diese Aufgaben auch nicht mehr so selbstverständlich. Sie kosten uns mehr Anstrengung. Vielleicht, weil es uns in dieser Depression morgens schon schwer fällt, aufzustehen. Weil wir schlecht geschlafen haben, mit Sorgen schon schwer eingeschlafen sind. Überhaupt erscheint uns alles viel schwerer und wir denken vermehrt an unsere Vergangenheit. Wir haben kaum noch einen freien Blick für die Zukunft. Vielleicht, so können wir in einer Depression denken, kommt es noch schlimmer... . Wir suchen Schutz, ziehen uns zurück, grenzen uns ab, machen uns hart und schwer, bis wir uns selbst nicht mehr richtig verstehen. Tatsächlich kann eine Depression für eine gewisse Zeit ein Schutz sein vor einem Schritt, der im Moment zu schwer ist.

> *Melancholie,*
> *meine Beschützerin,*
> *süchtig nach Grenzen*
> *und verbündet mit Verlusten.*
> *In welcher Sprache*
> *kann ich dich lesen?*
> *Immer sind es die unerwarteten*
> *Wörter,*
> *aus denen die Trauer*
> *bricht.*
> Peter Härtling

Melancholie ist die ursprüngliche, älteste, aus dem Griechischen stammende Bezeichnung für Depression. Für das, was schwer und dunkel ist, aber vielleicht auch ein Schutz; auf jeden Fall aber schwer zu lesen. Und schwer zu leben. Stellen wir uns einen Moment vor, wir seien zu Hause, an unserer Haustür klingelt es, wir gehen zur Türe und öffnen, draußen steht ein uns fremder Mensch, eine Gestalt in schwarzer Kleidung, unschön anzuschauen und unfreundlich von seiner Ansprache. Und dieser schwarze, fremde Mensch, diese Gestalt sagt zu uns in unfreundlichem Ton und sehr fordernd, sie hätte uns etwas Wichtiges zu sagen. Die schwarze Gestalt stellt den Fuß zwischen die Tür und jetzt stehen wir da. Was würden wir tun, wenn uns solches widerfahren würde? Wir könnten ärgerlich reagieren, wütend, aggressiv und sagen: *Ich will das nicht hören, was Sie mir zu sagen haben. Nehmen Sie den Fuß aus der Türe!* und die Tür zuzuschlagen versuchen. Wir könnten die Gestalt wegschicken, wegjagen, beschimpfen, wir könnten auch sagen, zwischen Tür und Angel: *Naja, nun, was gibt es denn so Wichtiges?*, dabei zweifelnd und unsicher, weil wir ja diesen Menschen gar nicht kennen - und ob er uns kennt, wissen wir ja nicht. Wir könnten auch sagen: *Naja, dann kommen Sie kurz herein und erzählen Sie mir, was es Wichtiges gibt.* Vielleicht könnten wir auch noch anders reagieren, nach Name und Ausweis fragen und woher derjenige kommt... . Wenige werden einen solchen Ankömmling oder Eindringling oder Aufdringling freundlich zu sich hereinbitten, an den Tisch bitten, ihn zum Essen einladen, und im Gespräch von ihm erfahren, was es Wichtiges zu hören gibt. Wenige werden in dieser Situation Gastfreundschaft leben, bei diesem unfreundlichen und ungerufenen Eindringling. Und doch geht es vielleicht genau darum. Vielleicht ist die Depression eine solche schwarze Gestalt, die kommt, ohne dass wir sie gerufen haben, die sich einmischt und eindringt in unser Haus, in unsere Wohnung, in unser Inneres, und die uns sagt - vielleicht in einem schwer verständ-lichen Dialekt oder in einer fremden Sprache -, dass sie uns etwas Wichtiges mitzuteilen hätte. Und wir, unvorbereitet und mit anderem beschäftigt, wollen sie lieber nicht hören, lieber wegschicken und loswerden. Wir wollen diesen Eindringling nicht bei uns haben, ihn nicht anhören, wir kennen ihn nicht, er stört uns, tut uns weh, bedroht uns und erscheint uns gefährlich. Wir wehren uns gegen ihn. Und je mehr wir uns wehren gegen diesen Eindringling, desto deutlicher spüren wir seine Gegenwart. Je mehr wir versuchen, ihn wegzuschicken und loszuwerden, desto hartnäckiger, desto anwesender scheint diese Gestalt zu werden. Und umso weniger werden wir sie los, denn diese Gestalt hat uns ja etwas zu sagen, etwas Wichtiges. Und solange sie es nicht aussprechen kann, solange wir sie nicht verstehen, solange wird sie bleiben.

Vielleicht ist das ein zutreffendes Bild für die Depression und ein zutreffendes Bild für das zunächst verständliche Verhalten vieler Menschen, wenn sie diesen Eindringling bei sich spüren. Ein verständliches Verhalten und dennoch ein nicht hilfreiches und nicht sinnvolles. Denn die Depression hat dem Menschen, zu dem sie kommt, den sie aufsucht, sie hat ihm, sie hat uns allen etwas zu sagen. Und in vielen Fällen geht sie erst, wenn wir sie angehört haben. Manchmal kommt sie auch wieder, um sich von neuem verständlich zu machen. Solche Momente, die eine solche Gestalt auf den Plan rufen, an unsere Haustüre oder an die Pforte unserer Seele klopfen, solche Momente können im Leben mehrmals auftreten. Es können verschiedene Erlebnisse sein, wie vorher angedeutet, Konflikte oder Verlusterlebnisse, zum Beispiel. Natürlich gibt es auch Menschen unter uns, die haben die Begabung oder das Temperament, dass sie alles was passiert auf die leichte Schulter nehmen. Wenn ihnen etwas widerfährt, dann sagen sie: *Naja, das wird schon wieder ...* . Und es kommt sie nicht so schwer an, sie schütteln es ab, und man wundert sich, was ein Mensch so alles abschütteln kann. Es gibt aber auch andere Menschen, die neigen eher dazu, das, was ihnen widerfährt, schwer zu nehmen, schwerer als ihre Mitmenschen. Und wenn solchen Menschen etwas widerfährt, wie ein Konflikt oder ein Verlusterlebnis, dann nehmen sie das eben schwer. Wir nennen sie *schwernehmende* Menschen. Ein schwernehmender Mensch, der kommt eben nicht so leicht über ein Erlebnis hinweg. Er bleibt daran hängen, er kann es nicht loslassen und nicht abschütteln, und es beschwert ihn. Das kann der Beginn einer Depression sein. Wir nennen solche Depressionen reaktive Depressionen *depressive Reaktionen* oder *Anpassungsstörungen*. Das heißt als Reaktion oder Antwort auf ein Erlebnis, einen Konflikt oder einen Verlust auftretend. Wenn wir schwernehmend sind, kann unsere Antwort eine depressive Reaktion, eine Depression sein. Sie kann uns eine Zeitlang begleiten, um uns etwas zu sagen. Vielleicht dieses: *Warum hast du nicht mit Trauer geantwortet, warum hast du die Trauer nicht zulassen können, als dir passierte, was dich verletzt hat? Warum wolltest du cool und unverletzlich scheinen, als du im Innern berührt warst? Musst du dich so verbergen? Kannst du nicht traurig sein und zu deinem Gefühl stehen? Warum darfst du nicht mal schwach sein? Darf es dir nie schlecht gehen?*

Unverletzliche, immer starke Menschen sind gefühllos - man kann es kaum mit ihnen aushallen - willst du so sein?

Wir sind verletzlich, und wir können wissen, dass wir aus der Verletzung, aus der Wunde, die wir erleben in unserer Seele, dass wir daraus Gewinn ziehen können. Gewinn in Form von Erkenntnis. Erkenntnis in der Form, dass wir aus Erfahrung lernen, wie wir es in Zukunft anders machen können, so dass es besser zu uns passt. In dem Zustand des Verletztseins aber gibt es Hilfen für uns; wir können sie beanspruchen und dürfen, ja sollen sie annehmen. Auch das ist eine wichtige Erfahrung: Wir können nicht alles alleine bewältigen, und es ist oft auch nicht sinnvoll, es darauf ankommen zu lassen.

Aus der Seele entstehende Depressionen als Antwort auf unbewältigte Erlebnisse
Depressive Reaktion - eine *Anpassungsstörung*

Diese Form der Depression, die depressive Reaktion, die eben bei Menschen auftreten kann, die etwas schwernehmend sind in ihrer Seele, die vergeht in den meisten Fällen relativ rasch wieder im Laufe von mehreren Wochen. Aber während sie besteht ist eben das, was geschieht und was geschehen ist, immer eine Spur schwerer und wichtiger und nicht so leicht zu bewältigen wie vorher, als wir diese Depression noch nicht hatten, oder wie bei den anderen Menschen, die nicht

depressiv sind oder es auch nicht werden bei einem solchen oder ähnlichen Erlebnis oder Verlust. Eine solche depressive Reaktion kann Tage, Wochen, mehrere Wochen anhalten, selten Monate. Sie betrifft uns, wir können Schlafstörungen haben und Appetitstörungen, vegetative Beeinträchtigungen, zum Beispiel Schwitzen, leicht erregt sein, nervös und unruhig sein, wir suchen dann Hilfe und wir brauchen in der Regel auch die Hilfe, dass entweder ein Mensch, zu dem wir Vertrauen haben, ein Freund oder Bekannter, oder auch ein Therapeut, ein professioneller Helfer, mit uns die Situation anschaut, die uns in diese Depression gebracht hat, so dass wir dieses Ereignis, diesen Verlust oder Konflikt bearbeiten und bewältigen können. Durch eine bewusste Aufarbeitung der Erlebnisse und unserer seelischen Antworten können wir über diese Depression hinwegkommen. Selten wird man bei dieser Form der Depression Medikamente brauchen, unter Umständen leichte, zum Beispiel pflanzliche oder homöopathische Medikamente gegen die vegetativen Beschwerden, gegen die Einschlafstörung, aber es wird in der Regel keine allopathischen Medikamente brauchen bei dieser Form der Depression, wohl aber eine gesprächstherapeutische Hilfe, vielleicht eine kurze Psychotherapie oder eine Form von Kunsttherapie, die uns zwar nicht verbal, aber doch auf einer Erlebnisebene von diesem Ereignis, das uns deprimiert hat, wieder befreien kann.
Es gibt eine zweite Form von Depression, da sind wir als betroffene Menschen nicht nur schwernehmend

(wie bei der depressiven Reaktion oder Anpassungsstörung), wir sind darüber hinaus auch schwerfühlend. Das heißt, wir fühlen uns von den Lebenseindrücken, von den Erfahrungen und Erlebnissen wiederholt schwer getroffen. Wir fühlen uns wund, verletzt, und antworten eher überempfindlich und gereizt, auch auf scheinbar harmlose Ereignisse, unsere Seele - oft unbewußt für den betroffenen Menschen - antwortet mehr aus der verletzten Wunde, reagiert mehr auf den alten inneren Schmerz als auf das neue äußere Ereignis, das einem Unbeteiligten tatsächlich unbedeutend und harmlos erscheinen kann. Aber der Boden, auf den es in der Seele fällt, ist nicht leer: Er ist umgepflügt und schon steinig genug; er verträgt nicht noch mehr Steine, deshalb schreit der Mensch auf und versucht, sich zu wehren. Jeder Mensch, jedes neue Erlebnis kann für einen schwernehmenden und schwerfühlenden Menschen zu einem neuen Stein des Anstoßes, zu einer Wiederholung negativer Erfahrung, zu einem Körnchen Salz in einer alten Wunde werden, so dass es zu neuen Schmerzen kommen kann. Der Betroffene, der jetzt unter dieser *mitweltlabilen* Depression leidet, lebt und erlebt mehr seine Vergangenheit, aus der er besonders das Negative und Schmerzliche in die Gegenwart und Zukunft und auf seine Mitmenschen im Hier und Jetzt überträgt. Bisher nannte man diese Form der Depression *neurotische Depression*; heute nennen wir sie, in der Klassifikation der WHO (ICD 10) *Dysthymia*. Sie verläuft chronisch, über Jahre, sie entwickelt sich aus den Lebenserfahrungen und prägt über Jahre hinweg die kommenden Erfahrungen und die seelische Stimmungslage. Deshalb ist es bei dieser Depressionsform besonders wichtig, an den Erfahrungen und Erlebnissen und ihrer Verarbeitung therapeutisch anzusetzen. Weniger Medikamente, mehr Psychotherapie und Kunsttherapien sind hiernötig, um alte Erfahrungen aufzuarbeiten und Offenheit für neue Erfahrungen und neue Gefühle zu entwickeln. Eine professionelle Psychotherapie, ergänzt durch Kunsttherapie und, wenn nötig, primär pflanzliche Medikamente, sind die Mittel der Wahl bei dieser Depression. Unter Umständen wird bei besonderer Belastung auch eine stationäre psychotherapeutische Behandlung angezeigt sein.

> *Im Mond der Verschwiegenen*
> *ewig stummen Vergangenen*
> *ist die Asche der Schwermut*
> *gelagert.*
> *Es ringt sich ein Feind*
> *um die Muschel der Seele*
> *und schlägt sie dir auf*
> *und peinigt die Welle,*
> *im Herzblut getrieben.*
> *Frühlingserwachen*
> *treibt die Lebenden von mir*
> *ich bleibe allein*
> *und meine Tränen*
> *in mir.*
>
> E. P.

Gedicht einer depressionserfahrenen Patientin

Von Innen entstehende Depressionen
Rezidivierende depressive Störung

... irgendwann kam die Depression. Ganz gleich, wie lange und wie tief ich geschlafen hatte: Vom ersten Augenaufschlag an war ich erschöpft, hatte ich Angst, den Tag nicht zu bewältigen und den Abend nicht heil erreichen zu können; wegen der nicht enden wollenden Müdigkeit ging ich zur Hausärztin, die mich gründlich untersuchte, ohne so recht eine Erklärung zu finden. Gewiss, mein Herz arbeitete nicht ganz so, wie es sollte, der Blutdruck war viel zu niedrig, aber auch dafür gab es keine Ursachen. Allen Heilversuchen zum Trotz blieb ich müde, und es verstärkte sich in mir das Gefühl, dem Leben nicht mehr gewachsen zu sein ... .

Hinzu kam allmählich eine weitere Angst: Die Angst, die anderen würden meiner überdrüssig, sie würden mir nicht mehrglauben, dass es mir wirklich schlecht gehe, würden mich für wehleidig halten, würden von mir erwarten, dass es mir nach ein paar Wochen so intensiver Betreuung durch den Arzt und weitgehender Arbeitsverschonung nun einfach wieder besser gehen müsse ... . Aber ich hatte es doch nicht in der Hand, im Gegenteil, mir war, als glitte ich in einen immer tieferen Abgrund hinein. Ich hatte Angst, er könne bodenlos sein und mich für immer verschlingen.

(Ingrid Weber - Gast: „Weil du nicht geflohen bist vor meiner Angst" Grünewald Verlag, Mainz 1978).

Es ist die *unerträgliche* Schwere des Daseins, die sich geltend macht. Der Leib wird bleischwer. Das Aufstehen am Morgen fällt schwer und immer schwerer. Die alltäglichen Aufgaben im Haushalt oder bei der Arbeit werden schwer, und man braucht immer mehr Zeit und mehr Energie, die dabei immer weniger wird. Die Anstrengungen werden immer größer; und es gibt keine Erholung mehr. Auch der Schlaf bringt keine Besserung. Erschöpfung, innere Unruhe, keine Hoffnung auf Besserung - und kaum eine Chance, dass man in diesem Zustand, in diesem schrecklichen Leiden verstanden wird.

Jeder kennt wohl, für eine kurze Zeit mindestens, solche Gefühle. Gefühle von Deprimiertsein, von Verzweiflung, von scheinbar ausweglose Krise, von einem dunklen Tunnel, dessen Ende im Moment nicht sichtbar, nicht erreichbar scheint. Es ist das Gefühl einer beginnenden Depression. Oft beginnt sie grundlos, aus scheinbar heiterem Himmel, von gestern auf heute. Die Vorboten sind diskret und werden kaum bemerkt. Erst, wenn die Depression da ist, die Schwere am Morgen, die lustlose Anstrengung am Tag, die verzweifelte Traurigkeit und die Schlafstörung in der Nacht; erst dann wird die Veränderung richtig bemerkt. Erfahrungsgemäß dauert es dann immer noch viele Wochen oder noch länger, bis ein depressiv erkrankter Mensch den Weg zum Arzt findet.

Es ist dies eine dritte Form von Depression, die sich von den beiden bisher genannten unterscheidet, insofern die von ihr Betroffenen nicht nur schwernehmend (wie bei der Anpassungsstörung = *depressive Reaktion*) und nicht nur schwerfühlend (wie bei der sogenannten *Dysthymia*), sondern dazu auch noch schwermütig sind. Schwermütig kommt von dem alten Begriff der Schwermut, wenn einem der Mut schwer wird: Also die Möglichkeit, mit Schwung und Kraft auf Welt und Menschen zuzugehen. Gleichzeitig damit sind auch das Gemüt, die Stimmung, das Gefühl und das Denken schwer beladen. Die Schwermut, die endogene Depression, die *rezidivierende depressive Störung*, wie man heute sagt, ist vom Erscheinungsbild die schwerste Form depressiven Krankseins. Sie wird weniger von Ereignissen und Erlebnissen ausgelöst, als von inneren, biologischen, psychologischen und biographischen Faktoren. Ihr Grund liegt *im Innern* des Menschen, worauf eben die ältere Bezeichnung *endogen* (*von innen entstehend*) hindeutet.

Depression bedeutet Niedergeschlagenheit. Die ältere Bezeichnung Schwermut spricht besser aus, was ein depressiver Mensch fühlt - denn es ist wesentlich mehr als nur Niedergeschlagenheit. Bei der *Schwermutsdepression* wird einem der Mut schwer, also die weltzugewandte Seite der Seele; das ist der Wille, die Kraft und das Vertrauen, mit dem wir etwas in der Welt anpacken, was wir uns zutrauen zu tun. Die Weltorientierung ist erschwert, wie unter einer erdrückender Last. Aber auch die Innenseite der Seele, das Gemüt Denken und Fühlen, leidet unter der Schwere, die sich der Seele bemächtigt hat, in charakteristischer Weise:

⋄ Schwere im Denken zeigt sich in negativen und dunklen Gedanken, in einer Verlangsamung des Denkens, in Selbstzweifeln und im Grübeln (Gedankenkreisen). In negativen Erwartungen an die Zukunft, in Gedanken der Sinnlosigkeit und Hoffnungslosigkeit, schließlich in Suizidgedanken.

⋄ Schwere im Fühlen drückt sich aus in dunklen bedrängenden Gefühlen und Stimmungen in freud- und lustloser Verfassung, in Angst Verzweiflung und Schuldgefühlen. Auch die Gefühle kreisen und drehen sich immer um dasselbe, Dunkle und Schuldbeladene. Dabei können Ängste in den verschiedensten Formen und Inhalten auftreten.

⋄ Schwere im Wollen äußert sich vor allem darin, dass dem Depressiven alles schwerer fällt als früher, er kann sich kaum noch für etwas entscheiden, er kann sich nicht mehr aufraffen, er weiß, was er wollen und tun sollte, und kann es nicht mehr, weil der Antrieb, die Willenskraft gelähmt sind.

⋄ Darüber hinaus erlebt der depressiv Kranke die Schwere auch körperlich als lastend, drückend, als bleierne Schwere in den Gliedern, als schmerzhafte Verspannung oder kraftlose Erschlaffung, als innere Unruhe oder vollkommene Apathie; schließlich auch in somatisierten (körperlich gebundenen) Beschwerden und organisch anmutenden Schmerzen.

> ✧ Schließlich wirkt sich die Schwere auch in psychosozialen, zwischenmenschlichen Beziehungen aus: Kontakte werden seltener und schwerer, Beziehungen werden vernachlässigt, Angst führt zu Rückzug, Vereinzelung, Einsamkeit.

Das Erleben von Schwere an Leib und Seele sowie in den zwischenmenschlichen Beziehungen ist das Urphänomen allen depressiven Krankseins.

Schwere drückt und lastet, sie macht dunkel und einsam, sie schmerzt und lahmt, sie führt zu Erstarrung und Verhärtung und in die Tiefe. Die Kraft der Schwere zieht und führt zum Zentrum.

Schwere kann unerträglich werden. In der Schwere wirkt eine Kraft, ein Gewicht; das Gewicht der Welt, das Gewicht der Schuld, das Gewicht des Daseins, das Gewicht einer großen, wichtigen Bedeutung. Schwere ist bedeutungsvoll. Ahnen oder kennen wir die Bedeutung der Schwere? Werden wir deshalb schwermütig, um uns ihrer Bedeutung zu stellen? Können wir lernen, mit der Schwere, mit ihrer Bedeutung umzugehen?

Die rezidivierende Depression ist die Erkrankung der autonom herrschenden Schwere über Leib und Seele und in den zwischenmenschlichen Beziehungen.

Die rezidivierende Depression verläuft typischerweise in Phasen mit jahreszeitlicher Bevorzugung von Frühjahr und Herbst. Sie fällt gewissermaßen, der Schwere unterworfen, aus den jahreszeitlichen Rhythmen heraus.

Eine rezidivierende Depression dauert meist einige bis mehrere Monate. Sie hat eine Tendenz zu wiederholtem Auftreten nach einer unterschiedlich langen gesunden Zwischenzeit, die Monate, aber auch viele Jahre lang sein kann.

> Ich will die Frühlinge nicht mehr aufsuchen.
> Sie treiben das helle Grün mit Dornen
> in meine Brust,
> sie singen mein Herz wund
> und blühen aus zu Schmerz
> und verwelken meinem Mut.
> Und seine glänzenden Bäche
> voll neuen Wassers
> fließen ganz innen
> zu Tränen aus.
> Frühlinge,
> eure Sanftmut und Zartheit
> werden zur Wehmut
> eurer Frohlocken
> zu Todesglocken,
> euer neues Keimen
> erstickt mein Wort
> und bangend treffen
> erste Sonnenstrahlen
> mein dünnes Kleid.
>
> E.P.
> Gedicht einer depressiverfahrenen Patientin

Wenn die Depression kommt, so beginnt sie meist frühmorgens mit unangenehmem Erwachen zwischen zwei und vier Uhr in der Nacht. Das Aufstehen am Morgen fällt so schwer wie noch nie, es kostet eine Kraft, die der Depressive oft nicht aufbringen kann. Der ganze Tag kostet unglaublich viel Anstrengung und Kraft, und der Depressive weiß morgens nicht, wie er den Tag - der wie ein Berg vor ihm steht - bewältigen soll, wie er den Abend je erreichen soll. Die Schwere der Depression lahmt und verändert das Erleben des Körpers und seiner Organe, das Erleben von Raum und Zeit. Der Leib und die Organe werden schwer, bleiern, erstarrt und eingeengt, bewegungslos und schließlich leblos empfunden. Der Raum, in dem der Depressive lebt und sich bewegt, wird eng und nah erlebt, bedrängend und bedrohend, dabei für den Depressiven selbst unnahbar und fremd, gefühllos und tot. Die Zeit scheint für den Depressiven stillzustehen sie erstarrt zu einer Gegenwart, die ganz unter der Last der Vergangenheit leidet, die sich von ihrer Vergangenheit nicht befreien kann, die vielmehr die Vergangenheit selbst befreien müsste, damit es eine bessere Zukunft geben könnte. Das Zeiterleben des Depressiven ist von der Schwere gehemmt und verlangsamt; es ist ein Gefühl, als käme der Depressive in der Zeit nicht mehr von der Stelle; die Zukunft schrumpft, die Vergangenheit ist übermächtig und wirft ihren dunklen Schatten unentrinnbar über die Gegenwart.

Hat ein Depressiver mit diesem Erleben von Körper, Raum und Zeit einen Tag bewältigt und den Abend erreicht, so tritt häufig eine gewisse Besserung und leichte Aufhellung seines Befindens ein. Meist sehnt er sich in den Schlaf, der zunächst auch kommt, aber dann in der Regel bereits zwischen 2 und 4 Uhr von einem ersten unangenehmen Erwachen unterbrochen wird. Der depressiv Kranke erlebt sich selbst so schwer und wertlos, dass er Kontakte und Beziehungen meidet sich zurückzieht, sich unverstanden fühlt und sich zunehmend isoliert. Er vernachlässigt sich und seine Pflichten in der schweren Depression, was sonst gar nicht mit seinem Naturell übereinstimmt, denn seinem Wesen nach ist er geradezu perfektionistisch, gründlich und zuverlässig - was zu dem schwernehmenden Charakter passt - . Von Temperament ist er oft – aber keineswegs immer oder ausschließlich - melancholisch, was zum Schwerfühlenden passt. Diese Seite kann aber auch vollkommen verdeckt, versteckt und überspielt sein. Melancholie ist die griechische und älteste Benennung dieser Urkrankheit des Menschen; wörtlich übersetzt bedeutet es *Schwarzgalligkeit* und deutet auf die Säftelehre (Humoralpathologie) der alten griechischen Medizin hin, wie sie in der hippokratischen Medizin seit dem 5. Jahrhundert vor Christi gepflegt wurde. Nach dieser Auffassung *steigt die schwarze Galle zur Öffnung der Leber empor, von dort aus zum Herzen, ihr letztes Ziel aber ist das Gehirn, dort vernebelt sie die Urteilsfähigkeit.*
(Constantinus Africanus, zitiert nach L. S. Földenyi: Melancholie, München 1988, S. 82).

In der von Denis Diderot herausgegebenen *Encyclopedie* von 1765 finden wir eine sehr prägnante Definition dessen, was unter Melancholie zu verstehen ist: *Melancholie bezeichnet das beständige Gefühl unserer Unvollkommenheit. Sie ist das Gegenteil der Fröhlichkeit, welche aus der Zufriedenheit mit uns selbst erwächst. Zumeist resultiert sie aus einer Schwäche der Seele und der Organe; desgleichen ist sie eine Folge bestimmter Vorstellungen von Vollkommenheit, welche wir weder bei uns selbst noch bei den anderen, weder in den Dingen und Freuden, noch in der Natur finden.*

Dieses Letzte ist wichtig: Melancholie hat sehr viel mit unseren Vorstellungen und Erwartungen von Vollkommenheit zu tun. Heute sagen wir dazu Perfektionismus. Also dasjenige, wonach viele Menschen bei ihrer Arbeit und im Leben streben: Dass sie, was sie tun, möglichst zu mehr als 100 Prozent perfekt machen. Melancholische Menschen neigen dazu (bevor sie eine Depression bekommen), sich möglichst zuverlässig fleißig, leistungsorientiert, pünktlich, zuvorkommend und korrekt zu verhalten, alles mindestens 150-prozentig gut, eben perfekt machen zu wollen. Und dabei nehmen sie auch noch alles schwer im Leben, besonders wenn ihnen etwas missglückt, wenn etwas nicht perfekt gelungen ist (vielleicht nur 90-100-prozentig gut war) dann erleben sie es besonders schwer. Dann erweist sich ihr schwernehmendes Wesen, ihre schwerfühlende Seele, als übermächtig, und der Mensch kann schwermutig werden. Er ist jetzt gewissermaßen ein Gefangener seiner Vorstellungen von Perfektionismus und seiner überhöhten Erwartungen an sich selbst geworden.

Die depressive Erkrankung hat also mit unserem Temperament zu tun, mit unserer Möglichkeit zu erleben und zu fühlen, mit unseren Vorstellungen, unserem Denken und unseren Erwartungen, mit unseren Absichten und Zielen, mit unseren Orientierungen und inneren Werten. Eine Depression, die uns widerfährt, indem sie scheinbar von außen kommt wie der schwarze Besuch, hat immer - wie jede Erkrankung - mit dem Wesen des Menschen und seiner Biographie zu tun. Es besteht ein Sinnzusammenhang zwischen dem Menschen mit seiner Biographie und dessen Krankheiten. Ein Sinnzusammenhang, der nichts mit Schuld zu tun hat und nichts mit kausaler Erklärung im Sinne von *weil...-...deshalb*, sondern mit einem Verstehen *wofür*, zu welchem Sinn und Ziel eine Depression in einem bestimmten Moment der Biographie bei einem Menschen auftritt. Gerade diese rezidivierende Form depressiven Krankseins, die für Betroffene wie Mitmenschen ohne äußerlich sichtbaren Grund auftreten kann und damit nur schwer nachfühlbar ist, gerade diese Depression kann uns deutlich darauf hinweisen, dass es innere Gründe geben muss, und dass nicht alles, ja vielleicht das wenigste aus der Vergangenheit erklärt werden kann. Vielmehr, dass wir uns angewöhnen sollten, mehr nach den aus der Zukunft in unsere Gegenwart, in unser Erleben und Verhalten hineinwirkende Faktoren zu fragen; warum zum Beispiel lesen Sie dieses Buch? Nur weil Sie es bisher noch nicht gelesen hatten (vergangenheitsorientiert)? - oder weil Sie das Thema interessiert, und um zu erfahren, ob Sie darin etwas für sich oder für andere Wissenswertes und Hilfreiches finden können (zukunftsorientiert)?

Die erste Antwort, Sie lesen das Buch weil Sie es bisher noch nicht gelesen hatten, ist eine kausale Erklärung. Sie ist auf die Vergangenheit bezogen.

Die zweite Antwort, Sie lesen das Buch um darin vielleicht etwas Wissenswertes und Hilfreiches zu finden, ist eine zielorientierte Erklärung. Sie erfüllt einen Sinn und ist auf die Zukunft gerichtet. Beide Arten von Antworten sind möglich. Sie schließen sich nicht aus, sondern ergänzen sich.

In der Medizin sind wir gewohnt, nach der Vergangenheit zu fragen: Woher und warum, um kausale Erklärungen zu bekommen. Damit aber kann die Medizin dem kranken Menschen nicht gerecht werden, denn Krankheit ist nicht eindimensional nur aus der Vergangenheit zu erklären. Krankheit ist mehrdimensional: Sie hat Vergangenheit, Gegenwart und Zukunft in dem Sinn, dass sie biographisch auf etwas gerichtet ist. Sie kommt aus einer in der Vergangenheit begonnenen Entwicklung, sie manifestiert sich in der Gegenwart und sie erfüllt sich in der Zukunft, in einer *anderen Gesundheit*, in einer neuen, veränderten Lebenssituation, der ein Sinn innewohnt, auch wenn dieser nicht immer sogleich und nicht leicht einsehbar ist. Der Bezug zur Zukunft ist für kranke Menschen oft der fruchtbarere; denn in ihm liegt die Möglichkeit, aus Einsicht zu einer fruchtbaren Haltung im Umgang mit der Erkrankung zu kommen und in ihr Sinn und Chance zu erkennen und im Leben zu gestalten.

Zur Diagnose und Häufigkeit depressiver Erkrankungen
Wie erkenne ich eine Depression?

Depression und Ängste gehören zu den häufigsten psychischen Erkrankungen. 2005 hat die Europäische Union festgestellt, dass mindestens jeder vierte Europäer psychisch krank ist. Mehr als 27% aller Erwachsenen in den europäischen Ländern leiden an psychischen Erkrankungen. Am häufigsten treten dabei Depressionen und Angststörungen auf.

Die depressiven Erkrankungen sind auch hinsichtlich ihrer Schwere und ihrer möglichen Folgen die am meisten unterschätzten Erkrankungen. Man rechnet derzeit in Deutschland mit einer Prävalenz depressiver Erkrankungen, das heißt mit der Anzahl von depressiv Erkrankten zu einem bestimmten Untersuchungszeitpunkt von 10% der Bevölkerung - das bedeutet für Deutschland beispielsweise, dass es circa 8 Millionen depressiv erkrankte Menschen gibt. In anderen Studien wird das Risiko, im Laufe seines Lebens an einer depressiven Erkrankung zu leiden, für Europa mit mindestens 35% angegeben, das bedeutet, das mehr als jeder dritte Mensch in Europa eine behandlungswürdige depressive Erkrankung durchmacht. Nach den Studien sind doppelt so viele Frauen wie Männer von depressiven Erkrankungen betroffen, dabei mögen genetische und hormonelle Faktoren eine Rolle spielen, aber auch psychologische, geschlechtstypische und gesellschaftliche Faktoren, die sie auf die Bewertung von Krankheiten und auf das Verhalten in Krankheits- und Leidenssituationen auswirken.

Die Angaben über die Häufigkeit depressiver Erkrankungen schwanken in den verschiedenen Studien, je nach den Kriterien von schweren und langdauernden bis zu kurzzeitigen und leichteren Formen depressiven Krankseins. Durchgängig zeigt sich aber eine Zunahme depressiver Erkrankungen in den vergangenen Jahren, insbesondere bei jüngeren Menschen. So haben beispielsweise die psychischen Probleme Depressionen, Ängste und Essstörungen in den Jahren von 1997 bis 2001 bei 15- bis 29-Jährigen um 70-90% zugenommen.

Die Erstmanifestation einer depressiven Erkrankung liegt meistens im jungen Erwachsenenalter, zu Beginn oder Mitte der 20er Jahre; bei 50% aller depressiv Erkrankten lag die erste Erkrankung vor dem vierzigsten Lebensjahr; nur bei 10% der depressiven Patienten begann die Erkrankung nach dem sechzigsten Lebensjahr.

Eine depressive Erkrankung verläuft in der Regel in Episoden. Diese klingen in 75% aller Fälle nach einer Episodendauer von 8–16 Wochen wieder ab. 15% haben einen längeren Episodenverlauf und circa 10% entwickeln einen chronischen Verlauf der depressiven Erkrankung.

Eine depressive Episode kann schleichend, über Wochen langsam zunehmd beginnen, aber auch innerhalb einer Stunde ganz plötzlich auftreten. Manche Betroffene können den Beginn einer Depression genau beschreiben: *Plötzlich ändert sich alles, alles wird schwerer, ich spüre keine Boden mehr unter den Füßen, es ist, als falle ich in ein schwarzes Loch.*

55-65% der depressiv Erkrankten haben im Laufe ihres Lebens mehr als eine depressive Episode, das heißt, ihre Depression hat einen rezidivierenden Verlauf. Dagegen erleben circa 35-25% der depressiv Erkrankten nur eine einmalige depressive Episode. Bei circa 20% der depressiven Patienten können sich im Laufe des Lebens manische Episoden einstellen, das heißt, es liegt dann eine sogenannte bipolare affektive Erkrankung vor mit abwechselnd depressiven und manischen Phasen.

Viele depressiv Kranke erleben ihr Leiden oft nicht als Krankheit, sondern fälschlicherweise als persönliches Versagen oder eine Charakterschwäche und schämen sich deshalb zum Arzt zu gehen und Hilfe in Anspruch zu nehmen. Darin liegt ein großes Risiko für Verlauf und Prognose der depressiven Erkrankung. Deshalb werden viele depressiv kranke Menschen immer noch nicht angemessen behandelt, weil sie entweder zu keinem Arzt oder Therapeuten gehen oder eventuell nur unzureichend mit Medikamenten behandelt werden.

Von den depressiven Patienten, die ärztliche Hilfe in Anspruch nehmen, kommt aber nur der kleinste Teil zu einem Psychiater oder Psychotherapeuten. Immer noch werden viele depressive Patienten von nicht psychiatrisch geschulten Ärzten nicht richtig erkannt und nicht angemessen behandelt. Den allermeisten depressiven Patienten könnte aber heute mit einer umfassenden, multimodalen psychiatrisch/psychotherapeutischen Behandlung geholfen werden. Deshalb ist es wichtig, depressive Erkrankungen bei sich selbst oder einem Mitmenschen erkennen oder mindestens vermuten zu können, um die Betroffenen in eine professionelle Behandlung empfehlen zu können.

Häufige seelische Leitsymptome bei Depressionen
(unabhängig von möglichen Ursachen oder Depressionsformen)

- traurig · freudlos · niedergeschlagen · bedrückt
- schwernehmend · schwerfühlend · schwermütig
- energielos · kraftlos · passiv · schwach · erschöpft müde · ohne Antrieb · willenlos · apathisch
- interesselos · lustlos · perspektivlos · schwunglos sinnlos
- Einengung der Wahrnehmungen, der Gefühle und Gedanken
- pessimistisch · negative Sichtweise · lebensmüde Stimmung · Todessehnsucht · Suizidgedanken
- mutlos · ratlos · verzagt · hoffnungslos

- innere Unruhe · nervös · fahrig · getrieben · angespannt

- verminderte Konzentration · Merkfähigkeitsschwäche · mangelndes Gedächtnis · grüblerisches Denken · Gedankenkreisen

- *Leere im Kopf · keine klaren Gedanken* · innere Leere

- *Gefühl der Gefühllosigkeit · inneres Absterben · wie tot*

- Entscheidungsunfähigkeit · Ambivalenz

- Versagensängste · Schuldgefühle · Insuffizienzgefühle

- Minderwertigkeitsgefühl · mangelndes Selbstwertgefühl

- Angstzustände · Zwangsbefürchtungen *(Phobien)* Zwänge

- Rückzug aus Beziehungen · Isolation

- vermindertes sexuelles Bedürfnis

- Erwartung an Zuwendung

- Empfindlichkeit · verletzlich · sensibel · reizbar · verzweifelt

- seltener: Wahnhaftes Erleben · Verarmungsideen · Versündigung · Untergangswahn

Mögliche vegetative und körperliche Symptome bei Depressionen

- *leblos* - Vitalität vermindert - erschöpft - müde
- Schlafstörungen, besonders Durchschlafstörungen
- nächtliches Erwachen zwischen 2 und 4 Uhr
- morgendliche Schwere beim Aufstehen, morgendliches Stimmungstief
- gelegentliche abendliche Aufhellung
- appetitlos - Gewichtsverlust - selten gesteigerter Appetit, besonders auf Süßes
- Schweregefühl im Körper, *Bleischwere*
- Druckgefühl - Schmerzen, wandernd oder lokalisiert, z.B.:

  - Kopfschmerzen
  - Rückenschmerzen
  - Gliederschmerzen
  - Verspannungen
  - Verkrampfungen
  - Würgegefühl
  - Schwitzen
  - Zahnschmerzen

  - Bauchschmerzen
  - Atembeklemmung
  - Herzrasen
  - Unruhe in der Brust
  - Kloß im Hals
  - zugeschnürter Hals
  - Ohrgeräusche
  - Zungenbrennen

Depressionen haben ihre eigene Körpersprache. Das Gefühl der bleiernen Schwere drückt sich in Mattigkeit und Verlangsamung, in Verspannungen und Schmerzen, in Hemmung, Erstarrung und Apathie aus.

Zunehmend erleben wir Patienten, die überwiegend oder ausschließlich von der Körpersprache einer Depression betroffen sind, unter diesen körperlichen Äußerungen und Beschwerden leiden, so, als wären sie körperlichorganisch krank. Wir sprachen früher deshalb von einer sogenannten *maskierten* oder *larvierten* Depression, die wir heute in der neueren Terminologie eine *somatisierte* Depression oder eine *Somatisierungsstörung* nennen. Dabei verschiebt sich bei diesen Kranken die depressive Symptomatik sehr stark von der seelischen auf die körperliche Seite. Die Seele verstummt die Körpersprache übernimmt es unbewusst, die Not und das Leiden des Menschen auszudrücken.

Da die Körpersprache verschlüsselt und nicht leicht verständlich ist und außerdem bei den organisch-anmutenden Schmerzen sich doch kein organischer Befund finden lässt, haben Patienten mit einer solchen somatisierten Depression häufig eine lange, fruchtlose Leidenszeit vor sich, bis ihre Schmerzen als körperlicher Ausdruck einer seelischen Depression verstanden und dann erst angemessen behandelt werden können. Diese *Dechiffrierung* körperlicher Schmerzen als Ausdruck einer seelischen Depression fällt einerseits der modernen Medizin nicht leicht - andererseits sind auch die von solchen somatisierten Beschwerden Betroffenen verständlicherweise von der körperlichen Qualität und Ursache ihrer Erkrankung überzeugt. Hier bedarf es bei Therapeuten und Angehörigen viel Einfühlungsvermögen, Verständnis und geduldige Gespräche - bei den Betroffenen bedarf es der Offenheit, sich auf ungewohnte und ihnen vielleicht neue Gedanken und Erklärungen ihres Krankheitsbildes einzulassen. Denn nur dann ist echte Hilfe möglich.

Wie kann man Suizidgefahr erkennen - was kann man hilfreiches tun?

Eine Depression kann eine Erkrankung auf Leben oder Tod sein. Denn lebensmüde Stimmungen, Todessehnsucht, Selbstmordphantasien, Suizidgedanken können bei allen Depressionen auftreten. Suizidgefährdung gehört als lebensbedrohendes Symptom zum Erscheinungsbild vieler Depressionen. Man muss deshalb immer an diese Gefahr denken und sie unbedingt erkennen. Über Selbstmord zu sprechen fällt niemandem leicht - aber es ist notwendig, darüber zu sprechen, denn sonst können wir die Gefahren nicht erkennen und die Last und Not des Betroffenen nicht lindern. Um einem lebensmüden Menschen zu helfen, müssen wir mit ihm sprechen - auch darüber, ob er sich das Leben nehmen will. Ein mitfühlendes Gespräch, physische und seelisch-geistige Anwesenheit bei einem Suizidgefährdeten ist erste und wichtigste Hilfe.

In dem einen Krankenhaus bin ich immer wieder gefragt worden: Haben Sie Selbstmordgedanken? In dem anderen hat sich niemand dafür interessiert. Die Fragen waren mir peinlich, und doch war ich dankbar dafür. Der heimliche Gedanke wird immer mächtiger. Er nimmt richtig Besitz von mir. Wenn ich mich nicht mitteilen kann, sitzt der Gedanke in mir wie eine kleine Bombe. Wenn mich jemand fragte, war ich erleichtert, zu antworten, auch wenn ich wußte, ich habe dann Ausgangssperre. Es war eine Erleichterung, die explosive Last loszuwerden.
(Aussage einer depressiven Patientin, zitiert nach Th. Bock, S. 198).

Die Zahl der Menschen, die sich in Deutschland während eines Jahres das Leben nehmen, ist größer als die Zahl der Verkehrstoten. Die Selbsttötung gehört in Deutschland zu den zehn häufigsten Todesursachen. Im Alter zwischen 15 und 35 Jahren ist die Selbsttötung sogar die zweithäufigste Todesursache. Im Jahr 2000 verstarben in Deutschland 11.065 Personen an Suizid, davon 8.131 Männer und 2.934 Frauen. Die Suizidrate bei Männern ist also deutlich höher als bei Frauen. 20-60 % aller Menschen mit Depressionen machen einen oder mehrere Suizidversuche im Laufe ihrer depressiven Erkrankungen. Von den an Suizid verstorbenen Menschen haben 40-70 % die Diagnose einer Depression, 20-30 % die Diagnose einer Alkoholkrankheit und 2-12 % die Diagnose einer schizophrenen Psychose. Dabei haben die Menschen mit einer Alkoholkrankheit sicherlich im Rahmen ihres Krankheitsverlaufes eine sekundäre Depression entwickelt.

Jenseits des sechzigsten Lebensjahres steigt die Zahl der Suizide mit zunehmendem Lebensalter an und erreicht ihren Gipfel ab dem achtzigsten Lebensjahr. Nach Angaben der europäischen Union in Brüssel gibt es in den europäischen Ländern jährlich 58.000 Selbsttötungen. Dabei sind die regionalen Unterschiede in den europäischen Ländern sehr groß: So liegt etwa die Suizidrate in Litauen mit 44 Suizide pro 100.000 Einwohnern besonders hoch, in Deutschland liegt sie bei 11,4 und in Griechenland beispielsweise mit nur 3,6 pro 100.000 Einwohnern am niedrigsten in Europa.

Die Zahl der Suizidversuche ist nach Schätzungen bei Männern dreimal höher, bei Frauen zehnmal höher als die vollendeten Suizide. Die meisten der Menschen, die sich das Leben nahmen, waren depressiv krank. Deshalb ist es so wichtig, Depressionen zu erkennen, an die Suizidgefahr zu denken und ohne Angst und Scheu auch über depressive Gefühle, lebensmüde Stimmungen und Selbstmordabsichten zu sprechen. Je mehr und je offener wir mit unseren Mitmenschen sprechen, desto eher kann auch über Gefühle, und auch über dunkle Gefühle, gesprochen werden. Desto eher können wir dann auch helfen und einem depressiven suizidalen Menschen etwas von seiner Last abnehmen und die Gefahr der Selbsttötung vermeiden.

> *Immer enger wird mein Denken,*
> *immer blinder wird mein Blick.*
> *Mehr und mehr erfüllt sich täglich*
> *mein entsetzliches Geschick.*
>
> *Kraftlos schlepp' ich mich durchs Leben,*
> *aller Lebenslust beraubt,*
> *habe keinen, der die Größe*
> *meines Elends kennt und glaubt.*
> *Doch mein Tod wird euch beweisen,*
> *dass ich jahre -, jahrelang*
> *an des Grabesrand gewandelt,*
> *bis es jählings mich verschlang.*

Dieses Gedicht eines Suizidanten aus dem vorigen Jahrhundert *(zitiert nach Erwin Ringel, S. 25)* schildert in beklemmend deutlicher Weise, welche Verengung und Verdunkelung im Erleben eines suizidalen Menschen stattfindet. Und welche Not er spürt, in diesem enger und dunkler werdenden Kreis seiner Existenz, niemanden mehr zu finden, der ihn versteht, der sieht, wie es ihm geht.

Im Umgang mit suizidalen Krisen gibt es immer noch einige weit verbreitete Irrtümer, die es zu erkennen und zu korrigieren gilt:

❖ *Über Selbstmord redet man nicht, sonst kommt der andere vielleicht erst auf den Gedanken, sich das Leben zu nehmen.* -
Diese Ansicht ist grundfalsch. Kein Mensch, auch kein depressiver, lässt sich durch eine Frage, ob er an Suizid denke, dazu verleiten, sich umzubringen. Aber er kann sich durch eine solche Frage verstanden fühlen und sich im Gespräch von den quälenden Gedanken entlasten. Darüber hinaus kann er nach einem solchen Gespräch weitere, zum Beispiel professionelle Hilfe, bekommen.

❖ *Wer von Selbstmord redet, der tut es nicht.* -
Auch diese Ansicht ist grundfalsch. Trotz einer verständlichen großen Hemmung, von sich aus über die quälenden Suizidgedanken zu sprechen gelingt es den meisten Menschen, die sich das Leben nehmen, mehr oder weniger kurz vorher doch noch mit jemandem über ihre Absichten zu sprechen; oft allerdings in einer verschlüsselten Form. Auf solche Äußerungen sollten wir lernen besonders wachsam hinzuhören.

❖ *Wer Selbstmord begangen hat, hat das unbedingt gewollt, dem wäre sowieso nicht zu helfen gewesen.* -
Auch dies stimmt nicht. Tatsächlich schwanken die meisten lebensmüden Menschen mit ihren Suizidabsichten zwischen dem Wunsch zu sterben und doch am Leben zu bleiben hin und her. Viele von ihnen führen eine Art *Gottesurteil* herbei und überlassen vermeintlich anderen die Entscheidung. Eben den anderen, die offene oder auch verschlüsselte Andeutungen der Selbstmordabsichten bekommen haben.

❖ *Wenn es einem depressiven Menschen besser geht, ist die Gefahr des Selbstmords vorbei.* -
Leider ist auch dies zunächst nicht richtig, - sondern es gilt das Gegenteil: In den ersten Tagen des Auftauchens aus einer schweren Depression – vor allem, wenn dies mit antidepressiven Medikamenten erreicht wird - ist zwar die depressive Handlungshemmung und Willenslähmung aufgehoben, aber die hoffnungslos-verzweifelt-depressive Verstimmung besteht noch. Der Schutz der Apathie und depressiven Antriebslähmung fällt weg und die Gefahr eines Suizids ist in diesen Tagen besonders groß. Deshalb sind offene Gespräche, liebevolle Anwesenheit und mitfühlende Zuwendung besonders wichtig.

Suizidabsichten können bei Angehörigen Angst, Wut, Unsicherheit und Verzweiflung auslösen. Es ist wichtig, die geäußerten Gedanken ernst zu nehmen, dem Betreffenden keine Vorwürfe zu machen, ihm die nötige und mögliche Zuwendung zu geben, und darüber hinaus die professionelle Hilfe eines Arztes, eines Psychiaters, einer Lebensmüden-Beratungsstelle, der Telefonseelsorge oder einer Klinik in Anspruch zu nehmen. Zunächst einmal gilt es allerdings, die Beziehung zu dem suizidalen Menschen in ihrer existenziellen Tiefe anzunehmen und mindestens ein erstes Stück des Weges durchzutragen, bis sich entweder diese Beziehung als so tragfähig erweist, und die suizidale Krise durch ein partnerschaftlich helfendes Gespräch bewältigt werden konnte - oder bis (besonders im Falle depressiver oder anderer psychiatrischer Erkrankungen) professionelle Hilfe hinzukommt und die weitere Verantwortung dem Angehörigen abnimmt.

Man sollte sich als Mitmensch vor der Übernahme der ersten Verantwortung in einer suizidalen Krise nicht scheuen - aber man sollte sich auch auf keinen Fall damit überfordern, mit dieser Verantwortung alleine zu bleiben. Dafür ist die Verantwortung einer suizidalen Krise zu groß und zu schwer; man sollte sie immer auf mehreren Schultern verteilen und bei längerem Anhalten immer auch in fachkundige, professionelle Hände übergeben.

Mein Land
ist zeitlos
dunkel durchflossen
ohne Abend
Schmerz überall
alles fällt
endlos tief.
Ich stoße meine Stirn
an deine Forderung: Leben.
Ich taste blind
nach eurer Liebe
verfehle euch
im Dorngesträuch
meiner Selbstverachtung

E.P.
Gedicht einer depressionserfahrenen Patientin

Wie kann ich mir in einer Depression selber helfen?

Eine Depression ist eine Erkrankung; keine Störung, kein Defekt, kein Versagen, keine Schuld. Eine Depression ist eine Krankheit - wie es andere Krankheiten auch gibt - aber eine, die besonders schwer sein kann, die man nicht am Körper oder einem Organ sehen oder festmachen kann; Depression ist eine Erkrankung der Seele, die den ganzen Menschen ergreift. Das Leiden an einer Depression ist ein spezifisch menschliches Leiden.

Eine Depression ist Teil der Biographie, der persönlichen Lebensgeschichte. Sie hat einen Stellenwert im Leben, ob der Betroffene es will oder nicht. Sie hat einen Sinn - oft gibt sie Sinn fürs weitere Leben.

Depressionen werden oft als Sinnkrisen erlebt dabei erweisen sich Depressionen nach ihrem Bestehen als sinnstiftend. Menschen, die eine schwere Depression durchgemacht haben, sind ernster und reifer geworden. Sie haben tiefe Einsichten über sich selbst erfahren, sind selbstkritisch, haben weniger oberflächliche Erwartungen an das Leben. Sie können einen tiefsinnigen Humor entwickeln, haben eine sensibel gesteigerte Wahrnehmungsfähigkeit und lassen sich nicht so leicht täuschen von den glitzernden Fassaden der Welt. Sie sehen hinter den Schein, sie haben eine Erfahrung der Tiefe. Sie sind gereift und um ein wesentliches Stück Selbsterfahrung und Welterfahrung in ihrem Innern gewachsen.

Diese wertvollen Erfahrungen wird der akut depressiv Kranke allerdings zunächst vermissen. Sie stellen sich erst langsam, nach abgeklungener Depression ein. Oft gibt es aber zarte Ankündigungen davon im Laufe des depressiven Krankseins.

Von der fruchtbar-sinngebenden Kraft der Depression zu wissen ist auch dann wichtig, wenn der Betroffene momentan nicht daran glauben kann.

Was können depressive Menschen selbst für sich Positives und Hilfreiches tun?

- Die Depression erkennen und als Krankheit anerkennen.

- Sich helfen lassen - bei schwereren Depressionen unbedingt von einem Psychiater.

- Den aktuellen depressiven Zustand als Erkrankung akzeptieren - nur so können Sie mit eigener Kraft und fremder Hilfe die Depression verwandeln.

- Bereit sein, Hilfe anzunehmen.

- Schwäche zugeben.

- Nicht immer glauben, alles selber machen zu müssen.

- Geduld mit sich haben.

- Sich nicht aufgeben.

- Sich nicht selbst überfordern.
- Sich nicht von anderen überfordern lassen.
- Sich nicht alles abnehmen lassen.
- Kleine oder kleinste Aufgaben oder Verpflichtungen behalten und pflegen.
- Nehmen Sie sich täglich kleine, erreichbare Ziele vor.
- Versuchen Sie eine regelmäßige und rhythmische Tagesgestaltung.
- Behalten und pflegen Sie Ihnen wichtige Tätigkeiten, auch wenn Sie noch so klein sein mögen, wie zum Beispiel Blumen gießen, Zeitung lesen, einkaufen gehen, ein Bild oder einen Baum anschauen, Wolken beobachten oder ähnliches.
- Versuchen Sie, sich an Lieder oder Gedichte von früher oder aus der Schulzeit zu erinnern und diese wieder zu lernen, sie zu singen oder zu sprechen.
- Nehmen Sie sich nicht zuviel vor - aber lassen Sie sich auch nicht total hängen.
- Versuchen Sie, früh aufzustehen - so früh wie möglich - je früher, desto besser (auch wenn es schwerfällt, besonders am Anfang).
- Machen Sie einen Morgenlauf, gleich nach dem Aufstehen (wenn möglich).
- Versuchen Sie, soviel wie möglich körperliche Bewegung in Ihren Tagesablauf einzuplanen (zum Beispiel

spazieren gehen, wandern, schwimmen, Radfahren, Gymnastik, Eurythmie oder ähnliches).

- Nicht so viel schlafen - auch wenn das Bedürfnis danach sehr groß ist (wenn möglich, auf den Mittagsschlaf verzichten und stattdessen lieber spazieren gehen).

- Keine wichtigen grundlegenden zukunftsweisenden oder unwiderruflichen Entscheidungen treffen (wie zum Beispiel Trennung, Kündigung, Berentung oder ähnliches).

- Suchen Sie, was Ihnen guttun könnte; pflegen Sie solche Dinge, wie zum Beispiel Musik hören, Musik spielen. Malen oder andere künstlerische Betätigungen und anderes.

- Vermeiden Sie unnötige Belastungen.

- Denken Sie daran, dass jede Depression eine vorübergehende Erkrankung ist.

- Sprechen Sie mit Menschen Ihres Vertrauens darüber, wie es Ihnen geht.

- Behalten Sie auf jeden Fall soziale Kontakte – auch wenn es schwerfällt.

- Sprechen Sie auch über Sterben, Tod oder Suizid, wenn Sie daran denken müssen; vertrauen Sie sich Angehörigen, Freunden, einem Seelsorger, einem Arzt oder Therapeuten an.

- Lassen Sie sich einen Arzt oder Therapeuten empfehlen, der Zeit für Sie hat.
- Lassen Sie sich eine Therapie empfehlen oder verschreiben, zu der Sie Vertrauen haben können.
- Lassen Sie sich nicht nur mit Medikamenten abspeisen.
- Lassen Sie sich sagen, welche therapeutischen Möglichkeiten es in Ihrem Fall gibt.
- Fragen Sie nach Kunsttherapien, Bewegungstherapien, Heileurythmie.
- Fragen Sie nach natürlichen Medikamenten, wie zum Beispiel Johanniskrautpräparaten - bei leichteren und mittelschweren Depressionen reichen sie oft aus, zusammen mit anderen Therapien (zum Beispiel Bewegungstherapien, Kunsttherapie, Gespräche, Psychotherapie).
- Wenn Ihre Depression schwer ist, bedenken sie, dass es eine Erkrankung auf Leben und Tod sein kann, wenn Sie keine angemessene Hilfe bekommen. Nehmen Sie deshalb professionelle Hilfe in Anspruch. Sie steht Ihnen zu.
- Antidepressiva können bei schweren Depressionen die entscheidende Hilfe sein - sie erleichtern das depressive Leiden, machen die Depression erträglich, lassen eine Depression schneller überwinden. Heilen können Sie allein eine Depression nicht.

- Lassen Sie sich und allen Therapien Zeit zur Entwicklung und zur Wirkung.
- Auch Antidepressiva wirken nicht sofort.
- Antidepressiva machen nicht abhängig.
- Haben Sie keine Angst oder Hemmung vor Psychiatern/Psychotherapeuten.
- Wenn Sie eine schwere Depression haben, mit Antriebslosigkeit oder innerer Unruhe, mit Angst oder Suizidgedanken, so ist eine stationäre psychiatrische Behandlung oft die beste Hilfe.
- Nochmal: Lassen Sie sich helfen: Es geht um Ihr Leben.
- Denken Sie daran: Depressionen sind heilbar.
- Depressionen haben und geben einen Sinn.

Wie können Angehörige helfen?

Die Angehörigen sind oft diejenigen, die als erste (mit dem Betroffenen) eine depressive Erkrankung wahrnehmen können. Sie bemerken die Veränderung, sie spüren die Belastung und Herausforderung gerade auch an sich selbst. Mit Angehörigen sind jetzt nicht nur Familienangehörige im engeren Sinn gemeint, sondern auch Partner, Partnerinnen, Freunde, Freundinnen, Kollegen, Kolleginnen und Nachbarn. Sie alle können die Veränderungen im Zusammenhang mit einer Depression frühzeitig erkennen, können - wenn sie sich darauf einlassen - selbst helfen und, wenn nötig, den Betroffenen für weitere professionelle Hilfe motivieren. Das Verständnis und die Hilfe von Angehörigen ist wichtig, denn Menschen in einer Depression oder depressiven Krisen sind empfänglich für mitmenschliche Zuwendung, sie brauchen sie, sie tut ihnen gut, wenn sie echt und freilassend ist. Eine vertrauensvolle und liebevolle menschliche Beziehung ist wertvoller als eine Psychotherapie. Deshalb sollte eine Partnerschaft oder eine Freundschaft nicht durch psychotherapeutische Versuche des einen am anderen gefährdet werden. Angehörige oder Freunde/innen können durch ihre Freundschaft, durch ihr Verständnis, durch ihr Mittragen, durch ihre unbedingte Anwesenheit, dem Menschen in einer Depression eine große Hilfe sein. Das sollte er auf keinen Fall verlieren - und er würde mindestens die Qualität einer solchen authentischen mitmenschlichen Beziehung verlieren, wenn der Angehörige oder Freund/Freundin selbst Therapie versuchen würde. Freundschaft und Therapie sind zu trennen. Besser ist es in jedem Fall, ein depressiver Mensch hat beides, eine gute zwischenmenschliche Beziehung und eine gute Therapie bei einem Therapeuten; als er hat beides in einer Person nicht richtig.

Was können Angehörige im einzelnen tun?

> *Mir reicht, wenn der andere einfach 'nur' da ist, mit Körper und Geist und mit Liebe. Liebe hilft sogar, wenn sie von Profis kommt.*
>
> *Bitte keine Ratschläge. Ratschläge sind auch Schläge!*
>
> (Äußerungen von zwei depressiven Menschen, zitiert Th. Bock, Seite 101)

- Nehmen Sie den depressiven Menschen, wie er ist. Er wäre selbst gern anders, wenn er könnte.
- Versuchen Sie nicht, ihn aufzumuntern.
- Versuchen Sie, die depressive Stimmung nachzuempfinden.
- Menschen in Depressionen brauchen mitfühlendes Verständnis, die Anwesenheit eines liebevollen Menschen, sie brauchen Wärme und freilassende Zuwendung.
- Nehmen Sie seine Depression, seine Angst, seine Verzweiflung ernst.
- Sprechen Sie über seine Gefühle, Erlebnisse, Schmerzen.
- Nehmen Sie lebensmüde Stimmungen und Suizidgedanken ernst, sprechen Sie offen darüber, behalten Sie, was sie hören und erleben, nicht für sich;

sprechen sie mit Angehörigen, Freunden, einem Arzt, Therapeuten oder Seelsorger darüber.

- Versuchen Sie, die Depression als eine echte Krankheit zu verstehen.

- Versuchen Sie zu akzeptieren, dass Ihr Angehöriger, Partner/in, Freund/in eine depressive Erkrankung hat - auch, wenn es keinen sichtbaren Grund dafür gibt.

- Es gibt auch scheinbar grundlose Depressionen.

- Vor allem gibt es keine Schuld, wenn jemand depressiv geworden ist. Bei ihnen selbst nicht und auch bei Angehörigen oder Freunden nicht.

- Grundlos erlebte Depressionen oder Ängste sind besonders schwer zu ertragen und besonders schwer zu verstehen.

- Ihre Akzeptanz hilft auch dem Betroffenen.

- Versuchen Sie zu verstehen, dass es eine Lähmung des Willens gibt, wie es auch eine Arm- oder Beinlähmung gibt.

- Depressive Menschen haben eine Willenslähmung, das heißt sie können nicht mehr so, wie sie wollen, weil ihr Wille keine Kraft hat. Sie haben keine Energie, keine Initiative, keinen Antrieb. Deshalb sind sie so passiv und können manchmal die alltäglichsten Dinge nicht mehr erledigen. Darunter leiden Depressive selbst am meisten. Sie können nicht mehr Wollen - obwohl sie wissen, was sie wollen und tun sollten. Das ist schmerzhaft.

- Vermeiden sie unbedingt Aufmunterungen und Sätze wie:
Reiß' dich zusammen!
Laß' dich nicht gehen.
Wo ein Wille ist, ist auch ein Weg ...
Es wird schon wieder ...
Solche Sätze werden den Menschen in Depressionen nicht gerecht. Damit werden Sie ihn verletzen.

- Versuchen Sie, Vorwürfe zu vermeiden.

- Reduzieren Sie Ihre Anforderungen an depressive Menschen.

- Bedenken Sie, dass jede Depression eine vorübergehende Erkrankung ist; mit und ohne medikamentöse Behandlung. Allerdings erlebt der Mensch in seiner Depression die Zeit scheinbar endlos langsam, wie stillstehend, als ob die Depression nie mehr vorbeiginge. Obwohl sie es besser wissen, fühlen sie es so und das kann verzweifelt machen.

- Jede Erkrankung, die ein Mensch hat, gehört zu ihm, und sie kann ihn verändern; so auch eine Depression; wenn Ihr depressiver Angehöriger die Erwartungen, die Sie an ihn haben, nicht mehr erfüllt, wenn er Absprachen nicht mehr einhält wenn er nicht mehr tut, was seine Pflicht wäre' wenn er morgens nicht mehr aus dem Bett kommt aus Angst vor dem Tag, so denken Sie daran, dass es nicht Faulheit ist, sondern die depressive Erkrankung, unter der Ihr Angehöriger sehr leidet.

- Geben Sie im Zweifelsfall der Krankheit die *Schuld*, und nicht dem Menschen, der krank ist.
- Lassen Sie Ihren depressiven Angehörigen nicht fallen, versuchen Sie, ihn mit einzubeziehen, wo es möglich ist.
- Beteiligen Sie ihn, wenn möglich, an Ihren Aktivitäten, aber seien Sie mit bescheidenen Schritten zufrieden.
- Versuchen Sie, ihn langsam und einfühlsam zu Aktivitäten hinzuführen.
- Nehmen Sie ihm nicht alles ab, wenn er selbst nichts mehr tun kann; versuchen Sie, seine Selbständigkeit zu beachten, versuchen Sie, seine Reste an Kraft zu mobilisieren und nicht seine Passivität zu unterstützen.
- Seien Sie feinfühlig, aber ehrlich mit ihm.
- *Menschen in Depressionen brauchen vor allem emotionalen Beistand, Präsenz und Mitgefühl. Mitleid zieht nach unten, Mitgefühl nach oben.*
(zitiert nach Thomas Bock, a. a. O., S. 107)
- Menschen in Depressionen brauchen Mitgefühl - aber sie können es nicht unbegrenzt ertragen. Sie brauchen auch etwas Rückzugsmöglichkeit und Unabhängigkeit, um so viel Mitgefühl aushalten zu können, weil sie selbst in ihrem Fühlen so eingeengt sind. *Sie können sicher sein, dass Ihr Partner Ihren emotionalen Beistand spürt und schätzt, aber Sie müssen*

damit rechnen, dass er das nicht äußern und nicht so lebendig wie sonst erwidern kann. Vielleicht können Sie die Durststrecke einseitiger Emotionalität besser aushaken, wenn Sie sich an Zeiten erinnern, in denen das ansatzweise auch schon einmal umgekehrt war?! Wenn es solche Zeiten gab, haben Sie keine Scheu, auch Ihren Partner daran zu erinnern.
(Th. Bock, a. a. O., S. 107).

• *Depressionen haben bei aller körperlichen Eigendynamik eine biographische Bedeutung, also auch eine Beziehungsgeschichte. In jedem Leben gibt es Verletzungen, und in jeder Beziehung wechselseitige Kränkungen, die bei einem sensiblen Menschen zu Depressionen beitragen können. Insofern sind Depressionen Fenster, in die zu schauen sich lohnt. Häufig geht das erst im Anschluß an die akute Phase, manchmal leichter mit Hilfe einer dritten Person.*
(Th. Bock, a. a. O., S. 108)

• Im Verlauf von Depressionen gibt es auch nach Innen gerichtete gehemmte Aggressionen. Oft spüren das Angehörige, auch wenn die Aggressionen gar nicht gegen sie gerichtet sind. In solchen Fällen ist es wichtig, diese ungezielten Aggressionen nicht persönlich zu nehmen, sondern sie als Ausdruck der depressiven Erkrankung zu sehen. Das kann Sie schützen und dem Depressiven helfen.

- Eingedenk Ihrer eigenen Grenzen, sprechen Sie rechtzeitig zu Ihrem depressiven Angehörigen davon, dass Sie die Aufgabe und Verantwortung nicht alleine tragen können. Dass es notwendig und sinn- voll ist, die Begleitung und Hilfe in der Depression auf mehrere, zum Beispiel auch professionelle Helfer zu verteilen. Es hilft Ihnen nicht, wenn Sie sich überfordern und erschöpfen; Ihr Angehöriger wird davon nicht gesünder - im Gegenteil, er bekommt eher noch Schuldgefühle. Also entlasten Sie sich und ihn, wenn Sie Hilfe von anderen (Freunden, Verwandten, eventuell professionellen Helfern) in Anspruch nehmen.

- *Suizidgedanken sind immer ernst zu nehmen und können ein Anlass sein, auf fremder Hilfe zu bestehen.* (Th. Bock, a. a. 0., S. 109).

- Depressionen haben einen Sinn in der Biographie des Menschen. Sie prägen die Persönlichkeit und wirken auch auf die Beziehungen zurück. Auf diese Weise kann eine Depression für Betroffene und Angehörige, Partner/in, Freund/in fruchtbar und sinnstiftend werden.

Was können Angehörige für sich selbst tun?

Menschen in einer Depression sind in einer schweren biographischen Krise. Sie brauchen Begleitung von Mitmenschen, die Empathie, Mitfühlen, Zuwendung, Geduld, Verständnis, Toleranz und Akzeptanz aufbringen können. Aber woher all das nehmen? Und wie lange soll und kann man es aushallen? Und wer oder was hilft den Angehörigen?

• Verständnis über die Art der Erkrankung, also über Depressionen, hilft, vieles besser erkennen und einordnen zu können. Das kann entlasten. Sie können dann sicher vieles *distanzierter* sehen und nehmen nicht alles persönlich, das heißt Sie sind nicht so leicht kränkbar und verletzlich.

• Lesen Sie etwas über Depressionen - wie zum Beispiel ein solches Buch - oder etwas von den Büchern im Literaturverzeichnis.

• Sprechen Sie mit Freunden über Ihre Erfahrungen und Belastungen.

• Sprechen Sie mit dem Arzt oder Therapeuten Ihres depressiven Angehörigen gemeinsam mit ihm, aber auch alleine, zu Ihrer speziellen Unterstützung.

• Besuchen Sie eventuell eine Angehörigengruppe (Selbsthilfegruppe für Angehörige) (vergleiche Adressen am Schluss des Buches).

- Wenn ein Mensch in einer Depression sich abweisend, gereizt, aggressiv, enttäuschend oder im Vergleich zu seinem bisherigen Wesen fremd verhält, so denken Sie daran, dass diese fremde, ungewohnte und unpassende Art zur Krankheit gehört. Das kann Sie entlasten. Aber Sie brauchen in diesem Zusammenhang noch mehr Unterstützung. Auch Sie brauchen einen Gesprächspartner, bei dem Sie sich aussprechen können. Am besten bei einem Freund oder einer Freundin; ersatzweise bei einem Seelsorger oder einem Therapeuten. Eventuell auch in einer Angehörigengruppe.

- Überfordern Sie sich nicht. Nehmen Sie sich nicht Zuviel vor im Umgang mit Ihrem depressiven Angehörigen. Achten Sie auf Ihre eigenen Möglichkeiten und Grenzen - stehen Sie offen und ehrlich zu Ihren Grenzen, wie auch zu Ihren Schwächen und Fehlern. Damit entlasten Sie sich und den depressiven Angehörigen. Sie sind ihm damit sogar ein gutes Beispiel, denn er wird Ihre Grenzen und Überforderungen sowieso spüren – und wenn Sie es nicht zugeben und ansprechen, wird er seine Gefühle weiter zu unterdrücken versuchen -und sich und Ihnen damit nicht helfen.

- Achten Sie darauf, wie Sie sich selbst wieder regenerieren können: Was tut Ihnen gut? Suchen und pflegen Sie diese Möglichkeiten des Ausgleichs und der Erholung. Leben Sie so, dass Sie Freude und Erfüllung im Leben haben.

- Schützen Sie Ihre Quellen, dass sie nicht versiegen. Denn wenn Sie sich erschöpft und aufgeopfert haben, hilft es Ihrem Angehörigen weniger, als wenn Sie verantwortlich mit sich und Ihren Kräften umgehen. Nur dann braucht er keine Schuldgefühle zu haben und kann etwas von ihnen lernen.
- Pflegen Sie Ihre persönlichen Kontakte und Beziehungen, denn Sie brauchen auch Empathie, Zuwendung und Verständnis.
- Opfern Sie sich nicht total auf. Sprechen Sie mit anderen Menschen über Ihre Erfahrungen mit Menschen in Depressionen - gegenseitiger Austausch kann die eigene Sicht erweitern.
- Gehen Sie in Konzerte, Theater, in Kunstausstellungen, zum Schwimmen, Wandern, machen Sie Sport oder was Ihnen sonst Freude macht und gut tut.
- Nehmen Sie am gesunden normalen Leben teil und erzählen Sie ihrem Angehörigen davon in einer Art, die ihn emotional einbezieht und nicht ausschließt.
- Fragen Sie sich hin und wieder, was Sie aus der Beziehung zu einem Menschen in einer Depression erfahren können, was es Ihnen geben kann.
- Depressionen können auch Angehörigen Sinn vermitteln.

Zur psychiatrischen Therapie depressiver Erkrankungen

Wie wir im Laufe unserer Betrachtungen gesehen haben, ist das Urphänomen aller depressiver Erkrankungen die Schwere, das Erleben von Schwere, und damit zusammenhängend von Tiefe, Dunkelheit, Verlangsamung, Hemmung und Erstarrung in Bezug auf körperliche Veränderungen, im Hinblick auf Gefühle, Stimmungen, Gedanken, Willensantrieb und Entschlüsse, sowie im Bereich der zwischenmenschlichen Beziehungen.

Insofern ist es das erste und wichtigste Ziel der Behandlung eines depressiven Menschen, die Schwere zu überwinden. Dies ist zum Beispiel durch körperliche Bewegung zu erreichen. Dazu kann ein depressiver Patient vorsichtig und geduldig motiviert werden. Die antidepressiv wirksamste Form von Bewegung ist das frühmorgendliche Laufen (Walking oder Jogging) zwischen 10 und 20 Minuten an der frischen Luft, möglichst gleich nach dem Aufstehen. Darüber hinaus alle weiteren Bewegungsmöglichkeiten und spezifischen Bewegungstherapien. Besonders erwähnen möchte ich nur das Schwimmen, als eine allgemeine bewegungstherapeutische Möglichkeit sowie spezifische psychiatrische Krankengymnastik und Heileurythmie.

Wenn der Mensch liegt, unterliegt er am deutlichsten der Schwere. Deshalb ist schon das Aufstehen, also das Aufstehen morgens nach dem Nachtschlaf, ein wichtiger therapeutischer Akt, der einem Menschen in einer Depression erfahrungsgemäß gerade am schwersten fällt. Aus vielen Erfahrungen lässt sich sagen: Je früher ein Mensch in einer Depression aufsteht, desto besser kann ihm der Tag gelingen.

An dieser Stelle ist als eine ganz besondere therapeutische Möglichkeit auch der Schlafentzug zu erwähnen. Beim therapeutischen Schlafentzug soll der Patient (in der Regel, wenn es sich um eine sogenannte endogene [rezidivierende] Depression handelt) um 1.30 Uhr in der Nacht aufstehen, sich frisch machen, kräftig frühstücken und dann die zweite Nachthälfte bis zum Beginn des normalen Tagesablaufs körperlich aktiv sein. Diese Therapie sollte unbedingt mit dem behandelnden Psychiater besprochen und nicht alleine auf eigene Faust gemacht werden. Es sollte gut vorher geplant werden, was der depressive Mensch während des Schlafentzugs tut; denn er darf auf keinen Fall nur sitzen und lesen, schreiben, fernsehen oder ähnliches; vielmehr sollte er eine praktische Tätigkeit im Haushalt ausführen. Sehr empfehlenswert sind auch Nachtspaziergänge oder Nachtwanderungen oder mindestens ein ausgedehnter frühmorgendlicher Spaziergang. Eine solche Schlafentzugstherapie ist sehr anstrengend, sie sollte deshalb immer gut geplant werden (zwischen Patient und Psychiater, eventuell unter Einbezug von Angehörigen, Partnern), sie darf nur einmal in der Woche, das heißt nur in einer Nacht der Woche durchgeführt werden; allerdings sollte sie mehrere Male, also über Wochen oder Monate hinweg, immer am gleichen Wochentag durchgeführt werden. Die Schlafentzugstherapie ist eine spezifische psychiatrische Therapie, die besonders bei den endogenen (Major) Depressionen indiziert ist, unabhängig davon, ob Schlafstörungen vorliegen oder nicht.

Im Körpergeschehen können wir durch Anregung von Stoffwechselbewegungen dazu beitragen, die innere Schwere zu überwinden. Dies kann schon mit der Nahrung beginnen, insofern wir Menschen in Depressionen besonders gewürzte Speisen empfehlen sowie pflanzliche Bittermittel zur Anregung des Appetits und der Verdauungstätigkeit. Auch spezielle anthroposophische oder homöopathische Medikamente sowie Phytotherapeutika aus der Naturheilmedizin sind zur Anregung der Stoffwechseltätigkeit, insbesondere der Leber und der Verdauungsorgane, gut geeignet, Menschen in Depressionen eine Erleichterung zu verschaffen. Insbesondere kann auf diese Weise das Leiberleben depressiver Patienten gebessert werden und Antriebsschwäche und Willenslähmung positiv beeinflußt werden.

Eine Erleichterung und Aufhellung der Empfindungen seelischer Schwere kann durch verschiedene psychotherapeutische Verfahren erreicht werden, vor allem aber durch die aktivierenden kunsttherapeutischen Möglichkeiten und die Bewegungstherapien *(eine Aufzählung dieser Therapien findet sich weiter unten)*.

Schließlich bewirken natürlich auch die bekannten Antidepressiva eine Aufhellung und Erleichterung des Schwereerlebens an Leib und Seele, wie dies auf mildere

Weise auch die phytotherapeutischen, homöopathischen und anthroposophischen Medikamente bei der Behandlung depressiver Erkrankungen tun, allerdings haben die Antidepressiva einen anderen Wirkungsansatz als die natürlichen Arzneimittel. *(Zur Wirksamkeit der Antidepressiva vergleiche in diesem Kapitel weiter unten).*

Die Auswahl, welche therapeutische Maßnahme bei welchem Patienten mit welcher Depression anzuwenden ist, ist eine spezifisch psychiatrische Aufgabe, die nicht nur Fachkenntnis auf selten des Psychiaters voraussetzt, sondern auch Erfahrung und in besonderem Maße Einfühlungsvermögen für seine Patienten und eine vertrauensvolle therapeutische Beziehung zwischen Patient und Arzt.

Die Verordnung einer gezielten Therapie für einen Menschen in einer Depression richtet sich einmal nach dem Menschen, seinem Wesen, seiner Konstitution, seinem Alter und seinem allgemeinen Gesundheitszustand, sowie im weiteren nach der speziellen Form depressiven Krankseins, die bei ihm vorliegt. Es gibt zum Beispiel depressive Reaktion, neurotische Depressionen *(Dysthymia)*, depressive Entwicklungen, rezidivierende Depressionen, es gibt saisonale Depressionen, es gibt, larvierte oder somatisierte Depressionen, es gibt symptomatische Depressionen bei vorliegenden organischen Erkrankungen, es gibt Wochenbettdepressionen, Erschöpfungsdepressionen, Umzugsdepressionen, existenzielle Depressionen, Depressionen in, Kindes- oder Jugendalter, klimakterische

Depressionen und Depressionen im Alter. Es gibt Depressionen nach Einnahme bestimmter Medikamente *(exogene Depressionen)*, es gibt Depressionen im Zusammenhang mit anderen Psychischen Erkrankungen *(z.B. Angsterkrankungen, Zwangskrankheiten, Persönlichkeitsstörungen, Psychosen)* und es gibt die manisch depressive Erkrankung *(= bipolare affektive Psychose)*. Selbstverständlich ist die Differentialdiagnose dieser depressiven Erkrankungen Aufgabe des psychiatrischen Facharztes. Und entsprechend ist auch die zu wählende Therapie bei diesen differenzierten Krankheitsbildern eine Aufgabe für den psychiatrischen Facharzt.

Die heutige Psychiatrie besitzt eine große Fülle verschiedener Therapeutischer Angebote – sie erschöpft sich nicht im Verordnen von Medikamenten. Zu den heute bei psychischen Erkrankungen und damit auch bei Depressionen angewandten therapeutischen Möglichkeiten gehören beispielsweise *(ohne Anspruch auf Vollständigkeit)*:

- Physikalische Therapiemaßnahmen wie Bäder und Massagen;

- Lichttherapie bei der sogenannten saisonalen Depression in den Wintermonaten;

- spezifisch therapeutische Pflegemaßnahmen (sogenannte äußere Anwendungen wie Auflagen, Einreibungen und Wickel, speziell in der anthroposophischen Medizin);

- Krankengymnastik und spezifische Bewegungstherapien für psychiatrische Erkrankungen;

- medikamentöse Behandlungen mit den sogenannten *Psychopharmaka*, im engeren Sinne bei depressiven Erkrankungen mit den sogenannten *Antidepressiva*;

- darüber hinaus auch die Behandlung mit pflanzlichen *(phytotherapeutischen)* Arzneimitteln, wobei heute in erster Linie an Johanniskrautpräparate zu denken ist;

- weiterhin aber auch Medikamente aus der homöopathischen und anthroposophischen Medizin;

- verschiedene kunsttherapeutische Verfahren, wie zum Beispiel Maltherapie, plastisch-therapeutisches Gestalten, Töpfern, Schnitzen, Spinnen, Weben, Musiktherapie, Singen, therapeutische Sprachgestaltung, therapeutisches Theaterspielen, Tanztherapie, Heileurythmie und weitere künstlerisch therapeutische Möglichkeiten;

- psychotherapeutische Behandlungen im engeren Sinn, die von Psychiatern, ärztlichen und psychologischen Psychotherapeuten ausgeführt wird;

- stationäre psychiatrische Behandlung - für alle schweren Formen depressiven Krankseins notwendig;

- sowie Beschäftigungs- und Arbeitstherapien, meist im Rahmen von voll- oder teilstationären Therapieangeboten;

- und schließlich die Soziotherapie, ebenfalls im Zusammenhang mit stationären oder nachstationären Behandlungsangeboten im Sinne von unterstützenden oder rehabilitativen Maßnahmen zur Wiedereingliederung in ein normales gesellschaftliches Leben und in das Berufsleben.

Welcher Form dieser therapeutischen Möglichkeiten ein Patient in einer depressiven Erkrankung braucht, sollte im Gespräch zwischen Patient und Psychiater/Psychotherapeut gefunden werden. In keinem Fall darf auf unterstützende Gespräche verzichtet werden. Auch weiß man heute, dass eine Kombination aus verschiedenen therapeutischen Angeboten besser zu einer Heilung führt als die Anwendung nur einer einzigen Therapie. Niemals sollte ein depressiver Mensch nur mit Medikamenten behandelt werden.

Bei der sogenannten rezidivierenden Depression kommt der medikamentösen Behandlung sicher eine besondere Bedeutung zu. Denn diese Form spricht besonders gut auf Medikamente *(Antidepressiva)* an.

In diesem Zusammenhang gibt es heute die wissenschaftliche These, dass Depressionen mit einer Verminderung oder einer verminderten Aktivität von sogenannten Neurotransmittern, das sind chemische Überträgerstoffe im Gehirn (zum Beispiel Noradrenalin und Serotonin) zusammenhängen. Es wäre allerdings voreilig und unrichtig zu behaupten, die Verminderung dieser Neurotransmittersubstanzen sei die

Ursache der Depressionen. Wir wissen heute, dass im Rahmen von depressiven Erkrankungen die Balance der Neurotransmitter im Zentralnervensystem aus dem Gleichgewicht geraten ist, wir wissen aber nicht, ob dies Ursache oder Folge ist oder ob es sich um eine kompensatorische Begleiterscheinung handelt. Da die These, eine *Stoffwechselstörung im Gehirn* sei die Ursache der Depressionen, bisher nicht bewiesen ist, bzw. einiges dafür spricht, dass es sich dabei um zentralnervöse biochemische Parallelerscheinungen handelt, sollte man korrekterweise auch nur von *körperlichen Begleiterscheinungen* bei Depressionen sprechen. Ein Noradrenalin- oder Serotoninmangel im Gehirn alleine macht keine Depression, und es bliebe dabei auch die Frage offen, wodurch ein solcher Neurotransmittermangel entsteht oder hervorgerufen wird; ob es hierfür beispielsweise biologische konstitutionelle, biographische oder psychologische Faktoren gibt, die die Balance zwischen Neurotransmittern und Rezeptoren im Gehirn verändern können.

Auch wenn, wie gesagt, die Veränderung der Botenstoffe im Gehirn *(Neurotransmitter)* nicht als Ursache für die depressive Erkrankung zu sehen ist, so scheint die Erfahrung mit den Antidepressiva zu bestätigen, dass über eine Einwirkung auf diese Botenstoffe Depressionen therapeutisch günstig zu beeinflussen sind. Der genaue Wirkungsmechanismus der Antidepressiva ist gegenwärtig nur zum Teil bekannt. Vieles ist noch im Stadium der Hypothese.

Einige Anmerkungen zu den Antidepressiva:

Antidepressiva sind chemisch hergestellte Medikamente, die aufgrund ihrer chemischen Beschaffenheit auf die Transmittersubstanzen Noradrenalin und/oder Serotonin wirken, die im Gehirn, aber auch in anderen Organen des Körpers, vorkommen. Wie der biochemische Wirkungsmechanismus dieser Medikamente im einzelnen ist, ist noch nicht vollständig geklärt. Die klinische Wirkung aber ist von den meisten antidepressiven Medikamenten gut beobachtet und untersucht. Antidepressive Medikamente gibt es seit etwas über 40 Jahren. Sie lassen sich in verschiedene Gruppen einteilen:

In Bezug auf die Wirksamkeit beim Patienten lassen sich zwei Gruppen unterscheiden:

1. Antidepressive Medikamente, die stimmungsaufhellend und antriebssteigernd wirken (zum Beispiel die sogenannten Serotonin-spezischen Wiederaufnahmehemmer und die Noradrenalin-spezifischen Wiederaufnahmehemmer, also SSRI (wie z.B. Cipralex, Flouxetin, Fluvoxamin, Paroxetin und Sertralin) und NSRI, sowie die früher gebräuchlichen sogenannten MAO-Hemmer und beispielsweise von den älteren Antidepressiva, den sogenannten trizyklischen oder tetrazyklischen Antidepressiva beispielsweise Amitriptylin, Amitripylinoxid, Clomipramin und Imipramin oder von den sogenannten dualen Antidepressiva, die

sowohl Serotonin- als auch Noradrenalin- spezifisch wirken, das Venlafaxin).

2. Antidepressive Medikamente, die neben der stimmungsaufhellenden Wirkung eher beruhigend und schlaffördernd wirken (zum Beispiel das heute viel gebräuchliche duale Antidepressivum Mirtazapin sowie die älteren trizyklischen Antidepressiva wie Amitriptylin, Doxepin und andere).

Weiterhin ist noch das Lithium zu erwähnen, das in erster Linie ein Medikament zur Behandlung manischer Erkrankungen darstellt, aber auch als Phasenprophylaktkum bei manisch- depressiver Erkrankung wirksam ist und gelegentlich zur augmentativen, das heißt unterstutzenden Behandlung bei schwer depressiven Patienten zusätzlich zu einem Antidepressivum gegeben werden kann.

Alle Antidepressiva sollten immer regelmäßig und unter ärztlicher beziehungsweise fachärztlicher Betreuung eingenommen werden. Alle antidepressiven Medikamente entfalten ihre Wirkung erst innerhalb von zwei bis drei Wochen nach Einnahme-Beginn und unter der Voraussetzung einer regelmäßigen Einnahme und angemessenen Dosierung. Aus unbekannten Gründen allerdings nicht bei allen Patienten, sondern nur bei circa zwei Drittel der Patienten, bei einem Drittel der depressiven Patienten müssen andere therapeutische Maßnahmen gefunden werden.

Unregelmässige Einnahme der Antidepressiva oder plötzliches Absetzen kann zu Verschlechterungen des psychischen Befindens führen oder eine Depression provozieren. Sowohl die beruhigenden, überwiegend älteren Antidepressiva *(trizyklische und tetrazyklische Antidepressiva)* wie auch insbesondere die modernen SSRI und NSRI wirken nicht nur antidepressiv, stimmungsaufhellend und entweder beruhigend oder antriebssteigernd, sondern meist auch gut angstlösend und spannunglösend bei Angsterkrankungen und Phobien.

Alle Antidepressiva können leider auch zu Nebenwirkungen führen, wovon manche Nebenwirkungen harmlos, aber unangenehm sein können, andere zum Absetzen und Wechsel des Antidepressivums führen. Die möglichen oder tatsächlich aufgetretenen Nebenwirkungen in Zusammenhang mit einer antidepressiven Behandlung sollten immer gründlich vor Beginn der antidepressiven Behandlung und im weiteren Verlauf mit dem verordnenden Arzt besprochen werden. Die neueren SSRI oder NSRI sind im allgemeinen besser verträglich und nebenwirkungsärmer als die älteren trizyklischen Antidepressiva.

Bei schweren depressiven Erkrankungen, insbesondere wenn die Betroffenen lebensmüde Gedanken und Suizidabsichten haben, sollte im Interesse der Kranken auf eine angemessene Behandlung mit einem Antidepressivum nicht verzichtet werden. Die Antidepressiva können in den meisten Fällen die depressive Symptomatik mindestens verringern und die Erkrankung so leichter erträglich machen und dazu verhelfen, sie mithilfe weiterer therapeutischer Maßnahmen besser bewältigen zu können. Antidepressive Medikamente führen zu keiner Wesensänderung des Menschen und machen nicht abhängig.

Bei leichten und mittelschweren Erkrankungen sind oft keine chemischen Antidepressiva notwendig; in diesen Fällen reichen pflanzliche oder homöopathische beziehungsweise anthroposophische Medikamente. Das bekannte pflanzliche Antidepressivum ist heute das Johanniskraut, das es unter vielen Markennamen zu kaufen gibt. Dabei sollte man auf eine angemessene Dosierung von 900 mg Johanniskraut pro Tag achten. Anthroposophische und homöopathische Medikamente zur Behandlung depressiver Erkrankungen werden in der Regel von Ärzten verordnet, die sich mit diesen Medikamenten auskennen.

Bei bestimmten Vorerkrankungen sind manche Antidepressiva wegen ihrer möglichen Nebenwirkungen nicht geeignet, so zum Beispiel bei Herzrhythmusstörungen, Herzschwäche, Vergrößerung der Prostata, bei Glaukom; hierbei sollten tri- oder tetrazyklische Antidepressiva nicht gegeben werden. Bei Patienten mit empfindlichem Magen oder Neigung zu Übelkeit sollte Vorsicht walten bei der Verordnung von SSRI-Antidepressiva. Generell ist bei sedierenden und antriebssteigernden Medikamenten deren Auswirkungen auf die Fahrtüchtigkeit zu bedenken (Beeinträchtigung der Reaktionsfähigkeit im Straßenverkehr, aber auch beim Bedienen von Maschinen).

Die gefährlichste Nebenwirkung ist bei den antriebssteigernden Antidepressiva darin zu sehen, dass diese antriebssteigernde Wirkung schneller eintritt als die stimmungsaufhellende und insofern in den ersten Tagen nach Beginn der Behandlung mit einem solchen Medikament die Suizidgefahr bei einem depressiven Menschen besonders groß sein kann.

Generell ist unbedingt noch zu erwähnen, dass die therapeutische Wirkung der Antidepressiva nicht spontan eintritt, sondern erst im Laufe von 2-3 Wochen nach Einnahme.

Dabei ist auch zu berücksichtigen, dass Antidepressiva normalerweise langsam einschleichend, das heißt mit einer langsamen Dosissteigerung verordnet werden. Auf diese Weise sind sie besser verträglich. Antidepressiva machen weder körperlich noch psychisch abhängig. Sie können also im Rahmen einer depressiven Erkrankung auch über lange Zeit, über viele Monate, wenn nötig auch Jahre, eingenommen werden. Dabei sind selbstverständlich mehrere Routineuntersuchungen durchzuführen, um auf eventuell vom Patienten nicht bemerkbare Nebenwirkungen zu stoßen; dafür sind regelmäßige Laborkontrollen notwendig, insbesondere des Blutbildes und der Leberwerte, sowie gelegentliche EKG- und EEG-Kontrollen.

Die häufigsten Nebenwirkungen sind bei den TCA-Antidepressiva Mundtrockenheit und eine Gewichtszunahme, sowie Neigung zu Obstipation, gelegentlich Störungen beim Wasserlassen. Die Nebenwirkungen sind reversibel nach Dosisreduktion oder Absetzen des Medikaments. Antidepressiva können die Symptome einer Depression lindern und damit das Leiden erträglicher machen. Sie können eine Depression nicht im echten Sinne heilen. Sie können aber durchaus die quälenden depressiven Symptome soweit bessern, dass sich der Patient nach einer Behandlungsdauer von mindestens 3 bis 6 Wochen unter Umständen wieder besser fühlt und seine Depression gut erträglich oder sogar verschwinden fühlt. Die medikamentöse Behandlung muss allerdings noch längere Zeit weitergeführt werden.

Insbesondere bei schwerdepressiven und vor allem bei suizidgefährdeten depressiven Patienten wird man kaum auf die hilfreiche Wirkung von Antidepressiva verzichten können bzw. wollen. Dennoch sollten der Verordnung und der Einnahme von Antidepressiva immer gründliche, offene und kritische Gespräche zwischen Patient und Arzt vorausgehen. Es gibt immer noch viele unbegründete bzw. nicht angemessene, weil auf Unkenntnis oder falschen Vorstellungen beruhende, Vorurteile gegenüber den Antidepressiva. Andererseits gibt es bei vielen Ärzten immer noch die zu schnelle und oft naive Verordnung von Antidepressiva, von Beruhigungs-, Schlaf- oder Schmerzmitteln zur vermeintlichen Lösung seelischer Probleme oder seelischer Krankheiten. Seelische Probleme können mit Medikamenten sicher überhaupt nicht gelöst werden. Seelische Krankheiten können unter Umständen durch Medikamente gelindert und deutlich gebessert werden. Für eine Heilung von seelischen Krankheiten braucht es neben den Medikamenten in jedem Fall noch sehr viel mehr therapeutische Bemühungen. Hierbei spielt die ärztlich psychotherapeutische Begleitung durch unterstützende und aufdeckende Gespräche eine wesentliche Rolle. Ebenso auch Bewegungstherapien, Kunsttherapien, Verhaltenstherapie und Soziotherapie.

Die sogenannten *Tranquilizer*, also Beruhigungsmittel oder Schlafmittel, ebenso wie Schmerzmittel, sollten bei depressiven Erkrankungen gar nicht oder (Tranquilizer) nur eine sehr eng begrenzte, kurze Zeit in akuten Unruhezuständen verordnet werden. Tranquilizer haben keine antidepressive, das heißt keine stimmungsaufhellende Wirkung. Sie sind keine therapeutischen Mittel für eine depressive Erkrankung; sie wirken lediglich beruhigend, decken damit ein Symptom zu und führen zu einer körperlichen und psychischen Gewöhnung, das heißt alle Tranquilizer und Schlafmittel (und Schmerzmittel) können abhängig machen. Dies tun die Antidepressiva wie gesagt nicht.

In seltenen Fällen können Neuroleptika, das sind Medikamente die *antipsychotisch* wirken, mit Antidepressiva kombiniert werden. Dies sollte allerdings unbedingt dem erfahrenen Psychiater vorbehalten bleiben.

Bei der Behandlung der manisch-depressiven Krankheit oder auch reiner Manien kommt dem Lithium eine besondere Bedeutung zu. Es kann bei der Manie als therapeutisches Medikament angewandt werden, ansonsten wird es bei manisch-depressiven Erkrankungen wie auch bei Manien hauptsächlich prophylaktisch verordnet, das heißt zur Vermeidung wiederholter manischer oder depressiver Krankheitsphasen. Lithium kann auch, wie schon erwähnt, zur sogenannten augmentativen Behandlung depressiver Erkrankungen eingesetzt werden, das heißt zur Unterstützung eines Antidepressivums.

Auch das Lithium kann erhebliche Nebenwirkungen haben, die vor Beginn einer Lithiumbehandlung mit dem Patienten ausführlich und offen zu besprechen sind, zumal eine Lithiumtherapie, wenn sie prophylaktischen Erfolg haben soll, über viele Jahre konsequent durchzuführen ist. Vor allem das plötzliche Absetzen von Lithium nach jahrelanger Einnahme kann zur Provokation einer neuen Krankheitsphase führen.

Allgemein sollte man bei der Verordnung und in der Einnahme von Psychopharmaka vorsichtig und kritisch sein. Man sollte sie weder leichtfertig verordnen, noch leichtfertig einnehmen, um damit auf scheinbar elegante Weise einem seelischen Schmerz oder einem seelischen Leiden zu entgehen. Wir müssen uns als Menschen, als Patienten wie als Ärzte, zu unserer Leidensfähigkeit entwickeln und eine positive Einstellung erlernen. Eine positive und produktive Einstellung zu Krankheit und Leiden sollte immer wichtigstes therapeutisches Ziel sein. Medikamente können Krankheitssymptome und Schmerzen erleichtern - sie können aber auch das Umgehen mit einer Krankheitssituation und ihre Bewältigung erschweren. Indem sie uns mit dem Symptom und mit der Krankheit auch den Sinn und die Bedeutung unseres Krankseins nehmen.

Anthroposophische Medikamente, homöopathische Medikamente und pflanzliche *(phytotherapeutische)* Medikamente sind gut bei leichteren und mittleren depressiven Erkrankungen anzuwenden. Hierbei sind sie sogar im Zusammenhang mit anderen, nicht-medikamentösen Therapieangeboten, ausreichend, so dass bei den meisten psychogenen Depressionen und den leichteren rezidivierenden Depressionen Arzneimittel aus den besonderen Therapierichtungen ausreichend sind. Sie haben eine gute Wirksamkeit, eine sehr gute Verträglichkeit, und nur selten, und wenn dann harmlose Nebenwirkungen. Bei den Johanniskrautpräparaten sind Hautüberempfindlichkeiten gegen Sonnenlicht mit Rötungen und Allergien eine zu beachtende mögliche Nebenwirkung, ebenso zu beachten ist eine mögliche Interaktion von Johanniskraut mit oralen Kontrazeptiva.

Bei den schwereren Depressionen hat es sich nach unserer Erfahrung gut bewährt, anthroposophische, homöopathische oder phytotherapeutische Medikamente mit chemischen Antidepressiva zu kombinieren; die therapeutische Wirksamkeit kann dadurch gesteigert werden, die Dosis der Antidepressiva kann unter Umständen reduziert werden. Damit ist die Verträglichkeit verbessert und die Gefahr der Nebenwirkungen vermindert.

Im Rahmen einer anthroposophisch-medikamentös psychiatrischen Behandlung spielt das Erscheinungsbild der depressiven Erkrankung mit seinen unterschiedlichen Symptomen eine wichtige Rolle bei der Auswahl und Verordnung spezifischer anthroposophischer Medikamente, die auf einem psychosomatischen Verständnis der Entstehung von leiblichen und seelischen Symptomen bei depressiven Krankheiten beruhen.

Neben den spezifisch anthroposophischen Medikamenten spielt in der anthroposophischen Therapie depressiver Erkrankungen die Verordnung von Kunsttherapien und Heileurythmie eine besondere Rolle. (vergl. M. Treichler: Mensch-Kunst-Therapie, Stgt. 1996).

Wichtig war für mich zunächst jede Ermutigung, mich anders als mit Worten auszudrücken. Sprache hatte ich keine, so glaubte ich. Aber wir sprechen ja immer mit unserem Körper. Nie hatte ich gedacht, ich könnte malen oder töpfern. Doch dann begriff ich, dass es nicht um Perfektion ging. Ich fand heraus, dass das Malen ein Weg war, zu reden und zu schweigen, mitzuteilen und zu behalten, zu zeigen und zu verstecken. Und jetzt, im Nachhinein, weiß ich, was Ihr Therapeuten tun müsst: Laßt uns malen, bringt uns in Bewegung, versetzt uns mit Musik in Schwingung. Reden, analysieren und verstehen kommen erst lange danach.

(Äußerung eines depressionserfahrenen Patienten, zitiert nach Th. Bock, a. a. O., S. 138).

> Stille,
> endlose Stille,
> meeresweit:
> ich trinke aus dir
> lange Dunkelheiten.
> Vom tiefen Sturz
> überwunden
> liege ich
> gefesselt
> auf Grund ...
>
> E.P.
> Gedicht einer depressiverfahrenen Patientin

Vom Sinn der Depression

Depressive Erkrankungen bringen Schwere und Tiefe ins Erleben; an Leib und Leben, im Denken, Fühlen und Handeln, im Erleben, und in die Beziehungen.

Schwere und Tiefe sind dunkel und drohend. Sie machen Angst, sie lahmen und lassen erstarren. Schwere fordert heraus, sie will gespürt, *gewogen*, das heißt, in ihrer Bedeutung erkannt werden.

Tiefe lockt, sie will ausgehalten und ergründet werden. Tiefe hat einen Grund; Schwere hat ein Zentrum.

Eine Depression, die Tiefe und Schwere hat, die uns darauf verweist, Tiefe und Schwere in vielfältigem, schier unerträglichem Erleben depressiven Krankseins zu erkennen, und anzuerkennen in ihrer Bedeutung für uns und unsere Biographie, eine solche Depression hat einen tiefen Grund. Sie ist so schwer zu fassen, wie sie schwer zu ertragen ist. Eine Depression ist, bei allem Leiden und aller Schwere, aber auch eine Chance, die genutzt werden kann. Es ist die Möglichkeit der Abgrenzung und des Rückzugs in einen Raum des Schmerzes, aber auch der Besinnung. In einen Raum des Zweifels, der Hoffnungslosigkeit und der Sinnfragen - aber auch in einen Raum der Sammlung, der Tiefe und der erlebten Einsicht, dass es Antwort auf die Fragen und Zweifel gibt, dass es einen Sinn und ein Ziel hinter der Hoffnungslosigkeit gibt.

Wenn die Depression tatsächlich die Möglichkeit für all das ist, dann birgt diese Möglichkeit aber auch enorme Risiken: Die Risiken des Nicht-Mehr-Aushalten-Könnens, des Scheiterns, der Verzweiflung mit Suizid. Um dieses Risiko zu erkennen, es in Grenzen zu halten und bewältigen zu können, ist eine professinelle Behandlung und Begleitung des depressiv Kranken notwendig. Nur durch mitmenschliche Nähe und therapeutische Hilfe, Unterstützung und Begleitung ist dieses Risiko zu meistern. Dann kann sich die Depression als eine echte und fruchtbare Chance für den Menschen erweisen.

Wir können die Depression vielleicht als eine Botschaft verstehen, die schwer zu ertragen und deren Sinn schwer zu entschlüsseln ist. Deren Sinn und Gehalt aber auch bedeutungsschwer für das Leben der Betroffenen ist.

Eine depressive Erkrankung kann eine Chance sein, einen schweren Verlust im depressiven Rückzug bewältigen zu können. Sie kann eine Botschaft sein, auf eine anstehende Veränderung im Leben aufmerksam zu werden und sich zu sammeln und sich darauf vorzubereiten; sie kann eine Aufforderung sein, sich einer biographischen Aufgabe oder persönlicher Eigenschaften bewusst zu werden und eine neue souveräne Haltung ihnen gegenüber zu entwickeln. Depressionen haben einen Sinn- und sie geben Sinn. Depressionen stellen die Sinnfrage an den Menschen und sie können ihn eine sinnvolle Antwort darauf erleben lassen.

Ein 50 jähriger depressiver Patient von mir fasste nach monatelanger schwerer Depression, sein Erleben zusammen: *Was ich in den letzten Monaten an Erkenntnis und Bewusstseinserweiterung erlebt habe, habe ich mein ganzes Leben vorher nie gehabt - und das ist es auf jeden Fall wert gewesen.* Diese Äußerung steht für das Erleben vieler Menschen in Depressionen.

Eine Depression ist das schmerzhafte Gewahrwerden der Tiefe und des Grundes unserer Existenz. In der Depression sind wir auf das Zentrum unseres Daseins verwiesen. Aus diesem Zentrum können wir nach einer durchstandenen Depression mit neuen Qualitäten weiterleben. Der Sinn einer Depression ist immer ein individueller Sinn. Er lässt sich nicht vorgeben; er lässt sich mühevoll im persönlichen Umgang mit der Depression erringen und im Leben verwirklichen, wenn der Depressive die notwendige Behandlung und Begleitung bekommt.

Vielleicht, dass ich durch schwere Berge gehe,
in harten Adern, wie ein Erz allein;
und bin so tief, dass ich kein Ende sehe
und keine Ferne: alles wurde Nähe,
und alle Nähe wurde Stein.
Ich bin ja noch kein Wissender im Wehe -
so macht mich dieses große Dunkel klein;
bist du es aber: mach dich schwer, brich ein:
Dass deine ganze Hand an mir geschehe
und ich an dir mit meinem ganzen Schrein.

Rainer Maria Rilke

Wie kann man eine Depression erkennen?

Die nachfolgenden Fragen sollen helfen, bei sich selbst oder bei Mitmenschen die Neigung zu einer depressiven Verstimmung oder das Vorliegen einer depressiven Erkrankung durch gezielte Fragen einfühlen und erkennen zu können:

1. Fällt Ihnen das Leben schwerer als bisher?
2. Nehmen Sie Ereignisse schwerer als früher oder als andere Menschen in Ihrer Umgebung?
3. Fällt Ihnen das Aufstehen morgens schwerer als früher?
4. Fällt es Ihnen schwer, sich zu freuen?
5. Können Sie sich gar nicht mehr über etwas oder auf etwas freuen?
6. Fällt es Ihnen schwer, sich zu entscheiden?
7. Haben Sie Ihre früheren Interessen und Hobbys verloren?
8. Fällt es Ihnen schwer, sich für etwas zu begeistern?
9. Fällt es Ihnen schwer, Ihre Gedanken selbst zu bestimmen?
10. Neigen Sie zum Grübeln?
11. Wachen Sie in der Nacht auf und können nicht mehr gut einschlafen?
12. Wachen Sie morgens auf und fühlen sich gleich niedergeschlagen oder gerädert oder hoffnungslos?
13. Fühlen Sie sich schwach und antriebslos – auch ohne große Belastung?

14. Fällt es Ihnen schwer, einen Sinn in Ihrem Leben zu sehen?
15. Haben Sie Druckgefühle, Missempfindungen oder -Schmerzen im Bereich von Kopf, Brust oder Rücken?
16. Haben Sie keinen Appetit mehr?
17. Haben Sie an Gewicht abgenommen?
18. Haben Sie sexuelle Probleme?
19. Fällt es Ihnen schwer, auf andere Menschen zuzugehen?
20. Ziehen Sie sich am liebsten zurück und wären alleine?
21. Machen Sie sich häufiger selbst Vorwürfe?
22. Brauchen Sie für die alltäglichen Verrichtungen mehr Zeit als früher?
23. Strengt Sie alles mehr an?
24. Haben Sie Schuldgefühle?
25. Denken Sie häufiger ans Sterben?
26. Kommen Ihnen lebensmüde Stimmungen oder Suizidgedanken?
27. Fühlen Sie sich unglücklich und traurig?
28. Fühlen Sie sich schwermütig?
29. Fühlen Sie sich kraftlos und erschöpft?
30. Gab es ähnliche Zustände schon einmal früher in Ihrem Leben?
31. Gab es ähnliche Symptome bei anderen Menschen in Ihrer Familie?

Je mehr ein Mensch von den oben genannten Fragen mit ja beantwortet, desto stärker ist bei ihm die Tendenz zu einer depressiven Verstimmung bzw. das Vorliegen einer manifesten depressiven Erkrankung zu erkennen. Je mehr dieser Fragen mit ja beantwortet werden, desto dringender sollte der Mensch mit seiner depressiven Erkrankung zu einem Arzt oder Psychiater gehen, um fachkundige und verständnisvolle Hilfe zu bekommen.

Alle Arten von depressiven Erkrankungen sind heute behandelbar. Je früher, je einfühlsamer und je verständnisvoller und fachkundiger die Behandlung eines Menschen in einer Depression erfolgen kann, desto besser ist diesem Menschen in seiner Depression auch zu helfen. Die zwei wesentlichen therapeutischen Ziele in der Behandlung eines Menschen in einer Depression sind:

✧ Die Überwindung der Schwere, was durch vielfältige therapeutische Angebote und Möglichkeiten erreicht werden kann, vom Morgenlauf über Bewegungstherapien, Kunsttherapien, Schlafentzug bis zu Psychotherapie und Medikamente;

✧ die Ergründung und Erhellung der Tiefe und des Dunkels, was ebenfalls durch die verschiedensten therapeutischen Möglichkeiten erreicht werden kann (unterstützende Gespräche, Kunsttherapien, Psychotherapie und stimmungsaufhellende Medikamente). Bei allen therapeutischen Maßnahmen zur Erleichterung oder Überwindung einer depressiven Erkrankung darf der Mensch in seiner Depression nicht vergessen werden und die Frage nach dem biographischen

Stellenwert, nach der lebensgeschichtlichen Bedeutung der Depression für diesen Menschen. Schließlich ist die Frage nach dem Sinn der Depression die biographische und therapeutische Grundfrage.

Die Depression ist das schmerzliche Gewahrwerden des Sinns - Schmerz muss dabei ausgehalten werden, aber er muss auch aushaltbar sein; das ist auch eine therapeutische Aufgabe. Sinn will erlebt und gefunden werden - er muss aber auch gesucht werden; das ist die andere Seite der therapeutischen Aufgabe bei depressiven Erkrankungen. Wir dürfen den Menschen in seiner Depression nicht im Ertragen des Schmerzes alleine lassen, ihn aber auch nicht nur den Schmerz ertragen lassen; wir müssen ihn begleiten und ihm beistehen, aber auch mit ihm die Tiefe und das Dunkel ergründen, den Sinn suchen. Therapie ist *begleiten und dienen* auf dem schmerzhaften Weg durch die Krankheit zum Sinn.

Literaturverzeichnis

1 *Thomas Bock*
Achterbahn der Gefühle - Leben mit Manien und Depressionen
Herder-Verlag Freiburg 1998

2 *Thomas Bronisch*
Der Suizid. Ch. Beck Verlag München 1996

3 *Robert Burton*
Anatomie der Melancholie, von 1621. Artemis-Verlag
Zürich und München 1988

4 *Alain Ehrenberg*
Das erschöpfte Selbst - Depression und Gesellschaft in der Gegenwart, Campus Verlag Frankfurt a. M./ New York 2004, Original: Frankreich 1999

5 *Frederic F. Flach*
Depression als Lebenschance. rororo Taschenbuch 1996

6 *Romano Guardini*
Vom Sinn der Schwermut. Arche-Verlag Zürich 1949

7 *Daniel Hell*
Welchen Sinn macht Depression? Rowohlt-Verlag, Reinbeck 1994

8 *K. P. Kisker et al (Hg.)*
Affektive Psychosen in: Psychiatrie der Gegenwart.
Springer-Verlag Berlin-Heidelberg 1987

9 *Olaf Koob*
Die dunkle Nacht der Seele, Verlag Freies Geistesleben, Stgt. 1974

10 *Piet C. Kuiper*
Seelenfinsternis - die Depression eines Psychiaters.
Fischer-Taschenbuch Frankfurt 1995

11 *Nossrat Peseschkian/Udo Boessmann*
Angst und Depression im Alltag
Fischer-Taschenbuch Frankfurt 1998

12 *Erwin Ringel*
Selbstmord - Appell an die anderen
Kaiser/Grünewald-Verlag München 1974

13 *William Styron*
Sturz in die Nacht. Die Geschichte einer Depression.
Kiepenheuer & Witsch Köln 1991

14 *Rainer Tölle*
Depressionen- erkennen und behandeln
Verlag Ch. Beck München 2000

15 *Rudolf Treichler*
Grundzüge einer geisteswissenschaftlich-orientierten Psychiatrie
in: F. Husemann/0. Woiff (Hg.) Das Bild des Menschen als Grundlage der Heilkunst. Verlag Freies Geistesleben Stuttgart 1978

16 *Markus Treichler*
Sprechstunde Psychotherapie. Urachhaus Stuttgart, 3. Aufl. 2007

17 *Markus Treichler*
Neue Zeiten, neue Leiden. Mayer-Verlag Stuttgart-Berlin 1998

18 *Markus Treichler*
Mensch- Kunst-Therapie. Urachhaus-Verlag Stuttgart 1996

19 *Markus Treichler*
Das Therapieangebot in der anthroposophischen Medizin.
Mayer-Verlag Stuttgart-Berlin 1998

20 *Markus Treichler (Hg.)*
Biographie und Krankheit. Urachhaus-Verlag, Stuttgart 1995

21 *Markus Treichler (Hg.)*
Den Sinn des Todes fassen. Urachhaus-Verlag, Stuttgart 1996

22 *Markus Treichler*
Danke mir geht´s gut- wie Männer mit Depressionen umgehen
Gesundheitspflege initiativ, Esslingen 2004

23 *Friedrich Weinreb*
Selbstvertrauen und Depression. Tauros-Verlag Weiler im Allgäu 1980

24 *Stefan Zweig*
Untergang eines Herzens, in: Phantastische Nacht, Erzählungen.
Fischer-Taschenbuch Frankfurt 1978

25 *Flensburger Hefte*
Angst. Flensburg 1995, Heft 48

26 *Flensburger Hefte*
Depression. Flensburg 1995, Heft 49

Adressen

Bundesverband der Angehörigen psychisch Kranker
Thomas-Mann-Str. 49 a, 53111 Bonn, Tel. 0228-63 26 46

Bundesverband der Psychiatrieerfahrenen
Thomas-Mann-Str. 49 a, 53111 Bonn, Tel. 0228-63 26 46

Dachverband psychosozialer Hilfsvereinigungen
Thomas-Mann-Str. 49 a, 53111 Bonn, Tel. 0228-63 26 46

Nationale Kontakt- und Informationsstelle zur Unterstützung von Selbsthilfegruppen (NAKOS)
Albrecht Achilles Str. 65, 10709 Berlin, Tel. 030-891 40 19

Deutsche Gesellschaft für Suizidprävention (DGS)
Zentrum für Psychiatrie Ulm, 88214 Ravensburg-Weißenau
Tel. 0751-7601 221

Gesundheit aktiv - Verein für Heilkunst e.V.
Johannes-Kepler-Straße 56, 75378 Bad Liebenzell
Telefon 070 52-93 01-0

Bei GESUNDHEITSPFLEGE initiativ sind u.a. außerdem erschienen:

Helge R. Runte
... und an den Zähnen hängt der Mensch
Das Wesen einer ganzheitlichen Zahnheilkunde
ISBN 978-3-932161-34-6

Helge R. Runte
... und an den Zähnen hängt der Mensch
Die Behandlung in einer ganzheitlichen Zahnheilkunde
ISBN 978-3-932161-57-5

Bartholomäus Maris
Die Wechseljahre der Frau
Reifung im Zeitalter der Hormonbehandlung
ISBN 978-3-932161-47-6

Joachim E. Keding
Von nun an geht's bergauf
Männer in den Wechseljahren
ISBN 978-3-932161-42-1

Glöckler/Fintelmann/Schürholz
Spiritualität & Gesundheit
Am Beispiel der Krebserkrankung
ISBN 978-3-932161-62-9

Karl-Heinz Friese
Tinnitus
ganzheitlich heilen
ISBN 978-3-932161-43-8

Jürgen de Laporte (Hrsg.)
Alle Mädchen gegen Krebs impfen?
PRO & CONTRA:
Vier (Frauen-) Ärzte nehmen Stellung
ISBN 978-3-932161-64-3

Markus Treichler
„Danke, mir geht's gut!"
Wie Männer mit Depressionen umgehen
ISBN 978-3-932161-48-3

Weitere Buchtitel unter www.gesundheitspflege.de

 Informationen zu den jährlich stattfindenden deutschen **MännerLeben**®-Kongressen, sowie ergänzende Literatur und Audio-CDs finden Sie auf der Website: www.maennerleben.com

WELEDA

Im Einklang mit Mensch und Natur

Neurodoron® – natürliche Hilfe bei Stress und Erschöpfung

DIE KOMPOSITION NATÜRLICHER SUBSTANZEN IN NEURODORON®, WIE Z.B. BERGKRISTALL UND GOLD, WIRKT REGENERIEREND AUF DAS NERVENSYSTEM, STÄRKT HERZ UND KREISLAUF UND HILFT BEI ERSCHÖPFUNG.

Neurodoron®
Anwendungsgebiete gemäß der anthroposophischen Menschen- und Naturerkenntnis. Dazu gehören: Harmonisierung und Stabilisierung des Wesensgliedergefüges bei nervöser Erschöpfung und Stoffwechselschwäche, z.B. Nervosität, Angst- und Unruhezustände, depressive Verstimmung, niedriger Blutdruck, Rekonvaleszenz, Kopfschmerzen. Enthält Lactose und Weizenstärke – bitte Packungsbeilage beachten.

Zu Risiken und Nebenwirkungen lesen Sie die Packungsbeilage und fragen Sie Ihren Arzt oder Apotheker.

Weleda AG, Schwäbisch Gmünd

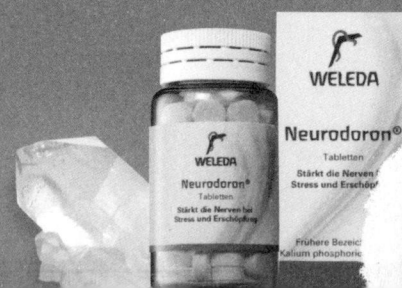